Diogenes Taschenb

D0997981

Alfred Andersch

Ein neuer Scheiterhaufen für alte Ketzer

Kritiken und Rezensionen

Diogenes

Die vorliegenden Kritiken bildeten die dritte Abteilung von
›Norden Süden rechts und links – Von Reisen
und Büchern 1951–1971‹. Der Band enthielt
außerdem noch Reisebilder und
literarische Essays.
Er erschien 1972 erstmals
im Diogenes Verlag.

Veröffentlicht als Diogenes Taschenbuch, 1979
Alle Rechte vorbehalten
Copyright © 1979 by
Diogenes Verlag AG, Zürich
60/79/8/I
ISBN 3 257 20594 5

» Hätte ich Tolstoi nicht gelesen,
wäre ich Unglücklicher ein Politiker
geworden. «

Yasushi Inoue

Inhalt

Christus gibt keinen Urlaub
Heinrich Böll, ›Wo warst du, Adam?‹

Heinrich Böll stellt seinem Buche ein Motto von Theodor
Haecker voran: »Eine Weltkatastrophe kann zu manchem
dienen. Auch dazu, ein Alibi zu finden vor Gott. Wo warst du,
Adam? ›Ich war im Weltkrieg.‹« Im Kriege wird der Mensch
nicht beurlaubt. Ganz im Gegenteil. Der Krieg ist nur eine
andere Daseinsform des Menschlichen, und er regt ihn nicht
einmal stärker zur Sünde an als der Friede, als mancher Friede.

Die meisten von Bölls ›Helden‹ bestehen jedenfalls die Be-
währungsprobe, die der Krieg ihnen auferlegt. Daß sie dabei
nicht zu Heroen werden, liegt in der Natur der Sache. Es geschieht nicht mehr, als daß ein Arzt bei seinen Verwundeten
bleibt, statt sich nach hinten abzusetzen, oder ein Soldat an die
Front geschickt wird, weil er einer Jüdin helfen wollte. »Wo
warst du, Adam?« Und einer von Bölls Helden könnte antworten: »Ich war General, aber ich habe nicht einmal das Ritter-
kreuz bekommen, weil ich meine Soldaten nicht so sinnlos opfern wollte, wie es befohlen war.« Bölls Thema: In einem
Ozean von Sünde schwimmen kleine Inseln von Anständig-
keit. Böll ist sich der ungeheuren Realität des Ozeans viel zu
bewußt, um beim Anblick so schmaler Gestade verzückt auf-
zuschreien: Der Mensch ist gut. Daher die tiefe Traurigkeit
seines Buches. Und der Inseln sind es wenige – deshalb erlaubt
er sich nicht den schlechten Optimismus des Moralisierens.
Auch verfügt die menschliche Seele bei ihren Navigationen
über kein Radargerät – das Gewissen funktioniert nicht so
präzis, wie flache Theologen meinen. Bewegt von widrigen
oder günstigen Winden (der Zufall spielt in Bölls Geschichten
eine große Rolle), verfehlt oder findet das uralte, niemals sich
verändernde Segelschiff, ›Natura humana‹ genannt, das Tahiti seiner Seele. Man sieht, die menschliche Freiheit steht
auf solcher Fahrt nicht sehr hoch im Kurs – sie vermag nicht,
über Untergang oder glückliche Ankunft zu entscheiden. Doch

entscheidet sie darüber, in welchem Geist sich das Geschick vollendet. Im Schluß auf einen solchen Befund der Welt wird Böll das, was er sein will: ein christlicher Autor. (An Böll erweist sich wieder einmal, daß Nietzsches Stoß ins Leere ging, als er die Lehre Christi mit Moralismus gleichsetzen wollte.)

Steuermann Böll unternimmt seinen Peilversuch nach der Position Adams mit Hilfe der Kunst. Er kann das, weil er als Künstler eben ein Steuermann ist, kein einfacher Matrose. Doch verlassen wir die nautischen Bilder, die uns hier nicht mehr weiterhelfen! Versuchen wir, die Position Bölls in der heutigen deutschen Literatur auszumachen. In der Gruppe der › Neuen ‹, also der etwa Vierzigjährigen, die erst seit Ende des Krieges mit Arbeiten hervorgetreten sind, ist er der Mann mit der originalsten Sprachkraft als Prosaist (vom Sonderfall Arno Schmidt abgesehen, der eine sehr subtile Behandlung erfordert). Die Qualität seiner Sprache setzt sich zusammen aus: Frische, Fülle, Härte, Rhythmus, Präzision und Stimmung. Lesen Sie daraufhin bitte den ersten Satz aus Bölls Buch, aber mehrere Male und laut: » Zuerst ging ein großes, gelbes, tragisches Gesicht an ihnen vorbei, das war der General.« Diese Qualität wird durchgehalten, und es erfolgt in ihr außerdem, wie in einem Verbrennungsmotor, die Umwandlung von Stoff in Energie, der Umschlag von der reinen Sprachkraft in Stil. Im Vorgang der Stilbildung verbindet sich der Autor mit der Zeit, er schafft ebensosehr seinen eigenen wie den Stil der Zeit, in der er lebt. Das tut er zwar unbewußt, bildet aber gerade mit den Äußerungen seines Unbewußten das zeitliche Bewußtsein. Ein Autor, der zur Stilbildung fähig ist, träumt intelligent. Das Vorhandensein von Sprachkraft zeigt Böll als einen vitalen, die Fähigkeit zur Stilbildung weist ihn als einen intelligenten Autor aus.

Soll von Stil im engeren Sinne geredet werden, so weist das traditionale Element in Bölls Schreibweise auf Stifter zurück; eine klare Transposition der Stifterschen Arbeitsweise ist etwa die in Bölls Buch enthaltene Geschichte einer Brücke, die zerstört, aufgebaut und wieder zerstört wird: in der Langsamkeit ihrer Exposition entdeckt man spät, aber nicht zu spät, daß

man vom ersten Wort an ›mitten drin‹ war, ihre Ausgeruht-
heit ist in Wirklichkeit die Stille der Faszination, ihre Ent-
spanntheit das Sich-Lösen einer Löwenpranke, die ihr Opfer
geschlagen hat. Hier handelt es sich aber um echte Transposition aus innerer Verwandtschaft, nicht um Epigonie aus Bewunderung.

Die Integration des Spracherbes geschieht ebenso lautlos
wie die Entfaltung des spezifisch modernen Kerns in dieser
Prosa. Böll arbeitet weder mit dem Hemingwayschen Verzicht
auf Reflexionen noch mit der Assoziationstechnik Joyces, der
Eliotschen Metaphorik oder Dos Passos' ›Camera-Auge‹. Er
hat nicht den Ehrgeiz, ›die Sprache zu skelettieren‹ (jene sonderbare Bemühung mißverstehender Kafka-Schüler), schreibt
aber auch nicht epische Füllsel. Die Modernität Bölls steckt in
der Stimmung des Todes und der Trostlosigkeit, die er vermit-
telt (dieser christliche Realist zeichnet eine Welt, in der Gott
vergessen ist), wobei die Monotonie der Wiederholung im
Wechsel kurzer und langer Sätze und der sehr weit getriebene
Verzicht auf Metaphern eine Rolle spielen. Die Nähe zur Tonart Graham Greenes ist evident, jedoch kann von Abhängig-
keit nicht die Rede sein. Ähnlich wie bei Greene wohnt auch
bei Böll das modern Anmutende dem Stil inne, ohne sich von
ihm in der Weise des Experiments zu emanzipieren.

Bezeichnend, daß eine so ausgebreitete Kritik sich durch ein
Werk veranlaßt fühlt, welches höchstens als Anfang gelten
kann. Zunächst ist Bölls Roman als Roman verfehlt – er fällt
in ein loses Bündel von stories auseinander, wenn man seine
›Bindung‹ prüft. Offensichtlich glaubte der Autor, seinen Lesern (und dem Verlag) nach zwei Erzählungsbänden etwas Zu-
sammenhängenderes bieten zu müssen. Derartige Versuche
mißglücken immer. Im allerbesten Falle liegt hier eine Rah-
menerzählung vor, doch ist der Rahmen nicht sehr haltbar.
Die Figur des Soldaten Feinhals, die als Klammer gedacht ist,
überzeugt zwar als Figur, nicht jedoch als Klammer. Feinhals'
Tod auf der Schwelle des Vaterhauses, am Ende des Krieges
und des Buches, wirkt nicht als notwendige Kadenz auf die
Fermate des Werks, sondern als aufgesetzter Effekt. Die

Stärke Bölls liegt in den langsamen Sätzen und im Piano (eine außerordentliche Stärke, wenn man bedenkt, daß die gesamte moderne Literatur sozusagen als Allegro con brio und Fortissimo komponiert ist) – bei dramatischen Steigerungen ist dem Autor äußerste Vorsicht anzuraten. Bei der um den Tod der weiblichen Hauptfigur herum unerhört groß angelegten Szene wird sehr augenfällig, daß ein so reiner Prosaist wie Böll sich immer erst einen Ruck geben muß, um sich zum Drama zu entschließen. Und das Zwanghafte ist der Szene dann anzumerken.

Hie und da treten in der sehr homogenen Struktur der Schilderung feine Brüche auf. Im allgemeinen entwickelt Böll seine Figuren aus ihrem subjektivsten Sein heraus, aus einer hamsunischen Verkapselung ins Ich, in der Methode der Identifikation des Dichters mit der Figur. Da stört es dann sehr, wenn sich völlig objektivierte Personen-Schilderungen dazwischen schieben, Figurenentwürfe ganz von außen her, selbst wenn diese Entwürfe an sich brillant sind. Die Stimmung des Buches ist damit unterbrochen, und seine innere Absicht wird verwischt.

Die Absicht nämlich zielt darauf, die menschliche Person im christlichen Sinne sichtbar zu machen. Weil das gelungen ist, ist das Buch mehr als eine Sammlung psychologischer Skizzen, obgleich die Methode Bölls darin besteht, das Phänomen des Krieges sich in den Scherben psychischer Individualität spiegeln zu lassen. Aber unsichtbar läßt Böll in jedem Splitter das Ganze des Glases aufleuchten – im psychischen Bruchstück faßt er, kraft dichterischer Substanz, zusammen: Individualität und Person = Mensch, Zeit (den Krieg) und die Aufhebung der Zeit durch Gott (in gewissen äußersten und sehr sparsam gegebenen Resten von personaler Glaubenserfahrung). Das Buch ist kein Kriegsbuch, insoferne der Krieg hier nur Anlaß zur Prüfung des Menschen ist, wenngleich die Sinnlosigkeit des Krieges in wirksamen Parabeln als Nebenprodukt abfällt.

Bölls Werk ist auf den Tod gestimmt, und es hätte gewonnen, wenn er die Gestalt des Todes noch mehr verhüllt hätte.

Der Tod ist für den Christen keine dramatische Person, und Böll ist Christ, also kein Dramatiker im eigentlichen Sinne. Böll ist Erzähler und kennt die Möglichkeit christlicher Prosa – den Roman des Menschen, der auf die Erfahrbarkeit der Offenbarung hin angelegt ist, die Möglichkeit seines Untergangs oder seiner Heimkehr, die Odyssee nach dem Tahiti seiner Seele, eine durchaus epische Angelegenheit.

Und es ist schon ein ungewöhnlicher Glücksfall, daß ein sich unterwegs befindender Christ den Versuch macht, seinen jeweiligen Standort im Kunstwerk anzuzeigen. Ein Unternehmen solcher Art kann dramatisch und aufregend genug werden.

Amerikanische Anarchisten

Thornton Wilder, › Dem Himmel bin ich auserkoren ‹
Ernest Hemingway, › Haben und Nichthaben ‹

Diese beiden Bücher müssen zusammen gesehen werden. Sie bieten eine Reihe überraschender Parallelen und einander entsprechender Abweichungen.

Wilder und Hemingway sind Altersgefährten. Beide stammen aus dem Herzen Amerikas. Wilder wurde 1897 in Wisconsin, Hemingway 1898 in Illinois geboren. *Dem Himmel bin ich auserkoren* erschien 1935, *Haben und Nichthaben* 1937. Wilder hatte vorher die *Cabala*, die *Brücke von San Luis Rey* und die *Frau von Andros* geschrieben, Hemingway *Fiesta* und *In einem anderen Land*. *Dem Himmel bin ich auserkoren* und *Haben und Nichthaben* waren die ersten und (bis heute noch) einzigen Romane der beiden Verfasser, die in den Vereinigten Staaten spielen. Beide Bücher sind Werke heimkehrender Emigranten, und der Hintergrund beider Romane ist die amerikanische Wirtschaftskrise in der ersten Hälfte der dreißiger Jahre. Wilder wie Hemingway haben ungefähr fünf Jahre gebraucht, bis sich das Erlebnis des in die Krise gestürzten Amerika in ihnen zur künstlerischen Arbeit verdichtete, denn Wilders Roman spielt im Beginn der Krise, derjenige Hemingways an ihrem Ende.

Der 29. Oktober 1929, an dem die Aktienkurse an der New Yorker Börse um 40 Prozent fielen, ist der Angelpunkt der neueren amerikanischen Geschichte. Der › schwarze Freitag ‹ traf die USA völlig unvorbereitet, mitten im Prosperitätsglauben der Ära Herbert Hoovers. In den ersten drei Jahren der Depression liquidierten 5000 Banken, und im Jahre 1933 hatten die USA 15 Millionen Arbeitslose. Die Auswirkungen dieser Katastrophe auf die Weltwirtschaft haben wir am eigenen Leibe erfahren. Was wir – leider – noch nicht erfahren haben, ist der Impuls, der von diesem Ereignis aus in die Blutbahnen des amerikanischen Denkens einströmte. Sein Initiator war Franklin Delano Roosevelt. Der › schwarze Freitag ‹ löst einen revolutionären Prozeß aus, dessen Konsequenzen jenen der russischen Revolution vergleichbar sind – sozusagen Amerikas ›roten Oktober‹. Der ›Umbau des Westens‹, der von ihm ausgeht, wird sich noch über viele Jahrzehnte hin erstrecken, und er wird uns aufregende Schauspiele liefern. Übrigens kann er noch immer mißglücken. –

Niemand hat den Zusammenbruch der ›prosperity‹ und mit ihr der amerikanischen Sicherheit in Isolation besser dargestellt als Thomas Wolfe im Gleichnis jenes Hotelbrandes, den er in seinem nachgelassenen Werk *Es führt kein Weg zurück* schildert. Die Verfahrensweise Wilders und Hemingways ist eine andere. Sie sind nicht, wie Wolfe, gehetzte Reporter ihres eigenen Lebens, nicht vom Gefühl eines kurzen Lebens Gejagte, die das, was sie erfahren, unmittelbar, im Katarakt von hunderttausend Worten, verströmen lassen müssen. Sie brauchen, wie gesagt, fünf Jahre, und dann stellen sie Figuren aus sich heraus. Bei Wolfe hat man es immer mit Wolfe selbst zu tun, bei Wilder und Hemingway mit ihren Helden, die vor die Kulissen der Krise treten. Aber die Kunst hat viele Möglichkeiten, und die direkte Konfession ist in ihr so erlaubt wie die Objektivation in die Figur.

George Brush, Reisender in Schulbüchern, ist Wilders dem Himmel Erkorener. Eine exemplarischere Komödienfigur ist nicht leicht denkbar. Die Gestalt des George Brush scheint dem Leser aus den Seiten des Buches förmlich entgegenzuspringen. Das hat nichts mit ›Lebensnähe‹ zu tun, mit naturalistischen Qualitäten. Dieser Pazifist, Prinzipienreiter und Gottverkünder, mag er aus noch so vielen naturalistisch beobachteten Details zusammengesetzt sein, ist dennoch eine freie Erfindung seines Schöpfers – und nur deshalb so lebendig. Er ist kein Modell, keine Type und kein psychologisch umgrenztes Individuum – er ist Kunst, also ein Golem, der seinen Rabbi Löw ben Bezalel fand, den, der ihm Leben einhauchen konnte.

Als solcher hat ihm Wilder Züge eines amerikanischen Eulenspiegel verliehen, freilich eines Eulenspiegel wider Willen. Rings um ihn wird die Absurdität des in die Krise geschleuderten Amerika sichtbar, im Bilde der vor dem Konkurs stehenden Bank, der forcierten Fröhlichkeit des Sommer-Camps, der korrupten Justiz, des Gangster-Wesens, der im Film zugrunde gehenden Literatur und der entgleisten Erotik. Und wo Brush hinkommt, enthüllt er die Brüchigkeit der Fassaden. Aber er enthüllt auch sich selbst. Denn er, der von sich Überzeugte und Sektenheilige, hat alle moralischen Qualitäten, die eine moralische Aufgabe erfordert, nur die eine, entscheidende nicht: die Liebe. Oder darf er sie nur nicht zeigen? Wilder stellt es meisterhaft dar, wie sich die Menschen von George Brush abwenden, wie die Gespräche aufhören und an ihre Stelle eine ratlose Bewegung tritt – weil beim anderen ein Mangel vorzuliegen scheint, ein nicht ausgefüllter Raum, in den das durch Leid und Erfahrung bewirkte menschliche Gefühl erst eintreten muß. Daran scheitert Brush. Doch im Augenblick seines völligen Zusammenbruchs, in dem er, überwältigt von Einsamkeit, Gott aufgegeben hat, erreicht ihn eine Botschaft. Aus dem Nachlaß eines katholischen Priesters, den Brush ein einziges Mal in seinem Leben gesehen hat, erhält er einen silbernen Löffel. Und »von diesem Tage an begann Brush gesund zu werden«.

Thornton Wilder ist ein viel zu großer Künstler, als daß er seine Absichten klar erkennen lassen würde. Wollte er nur die Krise darstellen? Wollte er in der Kritik an George Brush die religiöse Sterilität des Puritanismus treffen? Lag ihm daran, die Dummheit des eifernden, von den anderen nur fordernden Fanatikers bloßzustellen? (Aber dazu gewinnt man Wilders Helden viel zu lieb.) In der »satirischen Spiegelung des öffentlichen Lebens Amerikas« und der »scharfsinnigen Demaskierung des naiven Idealismus« erblickt der Waschzettel des Verlages den Hauptinhalt des Buches.

Aber damit ist der Sinn des Werkes nicht erschöpft. Die Dialektik des Buches spielt sich vielmehr auf der höchsten Ebene religiöser Problematik ab. Brush stößt die Menschen ab, ja er verläßt sie bewußt. Liebt er sie nicht genug? Oder muß er sie verlassen in der Nachfolge Christi? Zweifellos leidet er darunter, daß er keine Freunde gewinnen kann, daß er unfähig ist, eine Ehe zu führen. Sein weltliches Ideal, der Wunschtraum seines Lebens ist, ein ›amerikanisches Heim‹ zu haben.

Je weiter man liest, um so ergriffener wird man von der Tiefe des Konflikts, in den Wilder seinen Helden treibt. Das ist kein Lustspiel mehr, zu erleben, wie Brush wählen muß: zwischen der Liebe zu den Menschen, die Toleranz verlangen, und dem Ruf Gottes, der die unbedingte Nachfolge fordert: das Kreuz. So zerbricht denn das ›amerikanische Heim‹, die letzte Bastion der Sicherheit, und George verschwindet in den Städten des Mittelwestens, im dunklen Gefahrenreich Gottes.

Daß Wilder aus der Krise eine religiöse Gestalt heraustreten läßt, macht die eigentliche Bedeutung des Romans aus. Denn Brush *ist* ein Werkzeug Gottes, trotz den Mängeln oder wegen der Mängel, die ihm anhaften. Er ist ein typisch angelsächsisches Werkzeug Gottes, denn er ist – als die lächerliche Figur, die er darstellt – ein fast schon übertriebenes Beispiel von religiösem ›understatement‹. Tatsächlich gibt Wilder mit George Brush eine Antwort auf die Krise – und nicht nur auf die amerikanische Wirtschaftskrise. Am Ende ist man tief überzeugt, daß diesem grotesken Handlungsreisenden, was immer ihm zustoßen wird, nichts geschehen kann.

Finsterer, tragischer, gefährdeter erscheint der Held Hemingways, Harry Morgan, Motorbootführer, Fischer, Schmuggler zwischen der Küste von Florida und Kuba, Mörder. Vom ersten Satz an holt uns Hemingway in das reißende Staccato seiner Sprache herein. »Sie wissen ja, wie es früh am Morgen dort in Havana ist« – und siehe da, wir wissen es. Diese Sprache, von der Evelyn Waugh sagt, Hemingway hätte sie sich patentieren lassen sollen, um sie vor Nachahmungen zu schützen! Aber man kann nur ihre Härte nachahmen, nicht ihre Empfindlichkeit, nur ihre Manier, nicht ihr Niveau. Denn ihre dünne Haut und ihre einsame Qualität kommen aus dem Zentrum der Substanz Hemingways, dorther, wo sich in ihm Kunst ereignet.

Aber bleiben wir bei Harry Morgan. Der hat sein Motorboot und sein wundervolles Gerät für die Jagd großer Raubfische, aber ein Jagdgast, dem er das Boot verchartert hat, vernichtet ihm das Gerät und betrügt ihn. In der Schilderung der Jagd taucht ein ständiges Hemingway-Motiv auf: der wilde Haß Hemingway-Morgans gegen Leute, die eine Sache, die sie angefangen haben, nicht gut machen, und das heißt: mit dem vollen Einsatz ihrer Person.

Von so einem dilettierenden Schlappkerl wird Harry in eine schwere finanzielle Krise geworfen. Um sich da herauszureißen, gibt es nur einen Weg: die Kriminalität. Er braucht schnell Geld, er muß einen Coup landen, und der heißt in Kuba: Menschenschmuggel. Aber im Verlauf der Aktion wird er zum Mörder, und die Schraube beginnt sich zu drehen. Schmuggel, Kampf mit der Polizei, die Beschlagnahme des Bootes, Gewaltversuche, es von der amerikanischen Polizei-Bürokratie wiederzubekommen, und der Tod in einem letzten Kampf gegen die Gangsterwelt, die ihn in ihre Fänge genommen hat.

Also ein sozialer Roman? Da wird also einer durch die gesellschaftlichen Verhältnisse in die Welt der Besitzlosen gestoßen, wird, weil er sich nicht zurechtfindet, zum Kriminellen und geht darüber zugrunde? Aber so einfach macht es sich Hemingway nicht. Dann wäre der Titel ›Haben und Nichthaben‹ ja eine Trivialität. Hemingway kontrastiert die beiden Schichten scharf, die Leute, die mit ihren Luxusjachten im Hafen von Key West liegen, Literatur-Snobs, reiche Steuerbetrüger, mondäne, unbefriedigte Frauen, und auf der anderen Seite die armen Fischer, die Gelegenheitsarbeiter, die plebs miserrima Kubas (und es gibt keinen Zweifel, daß Hemingway auf der Seite der kleinen Leute ist). Aber was ihn wirklich interessiert, das ist der Raum, der *zwischen* dem Haben und dem Nichthaben liegt, die Frage, ob man in der dünnen Luft dieses Hohlraums leben kann.

Denn Harry Morgan haßt die reichen Nichtstuer, aber er verachtet die armen Leute, die keinen Schwung zu eigener Aktion haben. An ihrer Solidarität will er keinen Anteil haben – bis zuletzt ist er fest davon überzeugt, daß es ihm gelingen muß, sein Heim, seine Frau, seine Kinder, sein Boot, seine ganze selbstherrliche und urtümliche Jäger- und Fischerwelt zu behaupten.

Man kann historisch nachweisen, welche politische Stellung Hemingway bezieht. *Haben und Nichthaben* spielt, wie schon gesagt, am Ende der Krise. 1932 war Roosevelt gewählt worden. Binnen einem Jahr lief der New Deal an – der große

Hilfsplan für die von der Krise Geschlagenen. Der National Recovery Act vom Juni 1933 brachte ein umfassendes Programm öffentlicher Notstandsarbeiten, der Staat sprang in das Chaos, das die ›freie‹ Wirtschaft hinterlassen hatte. Aber Harry Morgan höhnt den NRA: »Eins sage ich dir, meine Jören werden keinen Kohldampf schieben, und ich werd keine Abzugskanäle für die Regierung graben.« Die Federal Emergency Relief Administration (F. E. R. A.) setzt alle Hebel in Bewegung, um die Krise zu überwinden. Aber Hemingway charakterisiert eine unsympathische Figur seines Buches mit dem verächtlichen Satz: »Man mußte schon ein Schriftsteller oder ein Beamter bei der F. E. R. A. sein, um eine Frau zu haben, die so aussieht.« Ein tiefsitzender Groll wird sichtbar – der Groll des Individualisten, die Trauer um die dahinschwindende Welt des guten alten amerikanischen ›free enterprise‹, das Ressentiment des Jägers und Fischers Hemingway gegen die verplante Welt.

In *Haben und Nichthaben* enthüllt sich Hemingway als der, der er mit einem Teil seines Wesens ist: als Romantiker und konservativer Anarchist. (Man wird sehen, daß ihn in seinem neuesten Buch *Across the river and into the trees* diese Stimmung gänzlich überwältigt hat.) Mit den Mitteln des härtesten Realismus vollzieht er fortgesetzt den Aufstand gegen die gesellschaftliche Realität seiner Zeit. Sie treibt seinen Helden in die Anarchie. Vor einiger Zeit brachte die Zeitschrift *The New Yorker* eine Karikatur: Zwei Geschäftsleute stehen vor einer Bank und beobachten, wie Bankräuber mit gezückten Pistolen das Gebäude verlassen. Und mit grimmiger Befriedigung bemerkt der eine Geschäftsmann zum anderen: »Wenigstens warten sie nicht auf irgendeine staatliche Unterstützung.« Auch Hemingways Herz gehört den letzten Jägern und Tieren der freien Wildbahn. Der dramatischste Epiker unserer Zeit sucht den tragischen Helden, den, der mit absoluter Folgerichtigkeit zugrunde gehen muß. Er findet ihn in Harry Morgan, der mit dem Satz auf den Lippen stirbt: »Ganz egal wie, ein Mann allein hat keine verfluchte Chance nicht.« –

Ich habe versucht, ein Buch politisch-zeitlich zu deuten, dessen Sinn die historische Situation, in der wir uns befinden, weit übergreift. Die Einsamkeit Harry Morgans ist nicht nur die Einsamkeit des Anarchisten in der vergesellschafteten Welt von heute. Aber wichtig ist es doch, zu sehen, wie ein großer Schriftsteller eine menschliche Grundsituation auf unsere Zeit projiziert. Daß ein George Brush von Gott gerufen wird und ein Harry Morgan untergeht, weil er nicht mehr er selbst sein kann – das mag sich in jedem Zeitalter ereignen; daß und wie es in unserem geschieht, ist für uns von unvergleichlicher Bedeutung.

Beide geben uns Rätsel auf und lassen verschiedene Ausdeutungen zu. Es sind sehr verschlüsselte Schlüsselfiguren unserer Zeit, und wenn nicht alles trügt, werden sie in die Überzeitlichkeit der Dichtung eingehen. Wilder stellt natürlich mehr auf den kultivierten Kammer-Ton ab, während Hemingway ein Heldengedicht in Slang schreibt, aber die formale Ähnlichkeit beider Werke ist dennoch überraschend: man bewegt sich in der Lektüre durch ein scheinbar ganz loses Konvolut von Notizen, etwas Skizzenhaftes eignet beiden Büchern, scheinbar nirgends wollen Wilder und Hemingway epische Zusammenhänge herstellen, die Schauplätze wechseln beinahe willkürlich (und bei Hemingway wechselt sogar die Person, in der erzählt wird) – es handelt sich um den souveränen Stil zweier Meister, die äußerste Konzentration hinter Nonchalance verborgen.

Zwei ganz und gar aufregende und ergreifende Bücher. Sie beweisen wieder einmal, daß die neue amerikanische Epik vorläufig die letzte wirklich erregende Literatur unserer Epoche ist.

Von der ›zeitlichen Bedingung‹
Giuseppe Tomasi di Lampedusa, ›Der Leopard‹

Weit ungewöhnlicher als *Der Leopard* selbst ist die Geschichte seines Ruhms. Sein Verfasser, ein sizilianischer Fürst, Giuseppe Tomasi, Herzog von Palma und Fürst von Lampedusa, habe es – so wird uns berichtet – im Alter von sechzig Jahren, nach der Rückkehr von einem Dichterkongreß, in wenigen Monaten vollendet, nachdem er es schon 25 Jahre zuvor habe schreiben wollen, und ein Jahr später sei er gestorben. »Ein unvollständiges Manuskript« – ich zitiere den Waschzettel des Verlags – »fiel durch Zufall Giorgio Bassani, dem bekannten italienischen Kritiker und Dichter, in die Hände. Nach einem Gespräch mit der Witwe des Autors, einer geborenen Wolff-Stomersee, gelang es Bassani, das Originalmanuskript für den Mailänder Verlag Feltrinelli zu erwerben.«

Man sieht, wir haben es hier mit einem jener Bücher zu tun, um die vom Erscheinen an, und möglichst noch vorher, Mythen gewoben werden. Die italienische Sekundärliteratur über dieses Buch ist mir noch nicht zugänglich; ich weiß also nicht, inwieweit der Mythos des *Leopard* bereits aufgeklärt ist. (In der Regel besorgen die italienischen Kritiker dergleichen sehr schnell.) Ich kann mich nur an das Buch selbst halten; die Lektüre ergibt folgendes:

Die ersten drei Kapitel – im Umfang die Hälfte des Buches – sind ein in sich völlig geschlossenes, thematisches und formales Meisterstück im Stil des französischen Romans des 19. Jahrhunderts (dessen Lektüre Tomasi di Lampedusa sich sein Leben lang gewidmet hat, wie uns mitgeteilt wird). Wenn ich die Formel ›im Stil des‹ gebrauche, so meine ich damit nichts Herabsetzendes; es muß dem Schriftsteller erlaubt sein, sich an gewisse Schreibweisen zu binden, wenn er sie als für sich verbindlich betrachtet. Reine Stilkopie liegt bei Tomasi di Lampedusa nicht vor; seine Art, die Sprache zu handhaben, besitzt genügend Eigenart, sie ist kraftvoll, elegant, von feudaler Verve.

Vom vierten Kapitel an setzen Längen ein; die vom Leser erwartete Steigerung in der Handlungsführung und damit in der Spannung bleibt aus; statt dessen kommt es zu langgesponnenen Reflexionen, wie etwa der Rede des Fürsten Salina über Sizilien und der des Paters Pirrone über den Adel. Die weiter folgenden letzten vier Kapitel sind überhaupt nur noch an die glänzende erste Hälfte des Buches gestückelte Episoden und Epiloge; jedes von ihnen enthält schöne Partien, aber diese sind nicht nur von geschichtsphilosophischen Reflexionen überwuchert, sondern es fehlt ihnen auch an jener inneren Spannung, die sie besäßen, ständen sie als notwendige Teile im unzerreißbaren Zusammenhang eines bruchlos geglückten Romans. Der Riß zwischen der ersten und der zweiten Hälfte ist noch an vielen weiteren Einzelheiten erkennbar, zum Beispiel daran, daß vom sechsten Kapitel an plötzlich der Erzähler selbst sich an einigen Stellen gänzlich unvermutet und ziemlich unorganisch einschaltet.

Ohne die Werkgeschichte genau zu kennen, halte ich es doch für sicher, daß es sich hier um einen jener Romane handelt, dessen erste Hälfte von ihrem Verfasser im Vollbesitz seiner Kräfte wahrscheinlich in einem Zuge niedergeschrieben wurde, um dann, aufgrund persönlicher Lebensumstände, in einer Schublade eingeschlossen zu werden. Offenbar im Vorgefühl eines zu frühen Todes hat Tomasi di Lampedusa geglaubt, den Roman irgendwie ›vollenden‹ zu müssen; er tat dies mit jener losen Folge von Kapiteln, die, jedes für sich genommen, noch genug Genie verraten, sich jedoch ausnehmen wie abgebrochene Teile einer Statue, die kaum noch rekonstruiert werden kann, weil gewisse verbindende Stücke abhanden gekommen sind. Was bleibt, ist der wundervolle Torso, gebildet aus jenen ersten, nahezu vollkommenen drei Kapiteln. Man hört, der Herzog von Palma und Fürst von Lampedusa sei Schriftsteller gegen seine Umwelt, i. e. seine Familie gewesen; er habe sozusagen heimlich geschrieben. Dergleichen kann man sich bei einem Mitglied des sizilianischen Hochadels gut vorstellen. Der Gedanke an die künstlerische Einsamkeit dieses großen Schriftstellers ist peinigend; man verzeihe mir den Gebrauch eines historischen Konditionalsatzes, wenn ich meine: hätten die Umstände es Tomasi di Lampedusa erlaubt, aus seiner literarischen Isolierung herauszutreten, so hätte er vielleicht den kritischen Freund gefunden, der ihm gesagt hätte, daß sein Buch mit dem Schluß des dritten Kapitels fertig war. Gewisse italienische und deutsche Kritiker präsentieren es uns nun als Meisterwerk, aber gerade das ist es nicht; nur das Wunschdenken jener Kritiker macht es dazu. Da sie den Horizont nach Meisterwerken absuchen, die ihnen die moderne Literatur nicht liefern kann – denn für die Moderne ist das ›Meisterwerk‹ eine unverständliche Formel aus dem 19. Jahrhundert geworden, sie ist ja ›am Nullpunkt der Literatur‹ angelangt –, geben sie sich mit dem zufrieden, was von ihnen als solches scheinbar in Anspruch genommen werden kann. Ich glaube nicht, daß Tomasi di Lampedusa selbst so prätentiös war; viele kleine Züge in seinem Text verraten, daß er, wenngleich sizilianischer Hoch-Aristokrat, dennoch ein Mensch von feinstem Ahnungsvermögen für Neues war; er wird gewußt haben, was an seinem Werk nicht ›stimmte‹, und dies wird die letzte Ursache dafür gewesen sein, warum er es zurückhielt. Aber gerade darum wird er uns sympathisch. Sollte der Mythos des *Leopard* sich als dauerhaft erweisen, sollte sein Buch mehr sein als eine gewiß glänzende Neuerscheinung, so nicht wegen Tomasi di Lampedusas ›Meisterschaft‹, sondern wegen seiner Unsicherheit. Seine Größe besteht nicht darin, daß er uns eine geglückte Stil-Reprise vorlegt, bei der sich einige Kritiker, und die von ihnen beruhigten Leser, von Joyce und Beckett, von Faulkner und Koeppen erholen können, sondern daß diese Reprise mißglückt ist. Auf gewinnende, auf adlig generöse, auf künstlerisch große Weise mißglückt.

Die Bedeutung des Buches, das seiner gesamten Anlage, seinem Milieu, seinen Intentionen nach den Vergleich mit Proust herausfordert und erreicht, daß es immerhin als gelungene Faustskizze zu einem palermitanischen Faubourg St-Germain dienen mag, liegt auf einem ganz anderen Feld. Es ist ein sehr bedeutendes Dokument der Auseinandersetzung des europäischen Konservativismus mit sich selber. Die Übersetzung einer ganz bestimmten geistesgeschichtlichen Bewegung in eine Figur ist in dem ersten Teil des Romans wunderbar geglückt. Die Gestalt des Fürsten Salina und seiner Begegnung mit der garibaldinischen, der bürgerlich-demokratischen Revolution reißt Perspektiven auf, an deren Ende die Fragen stehen, die uns auch heute noch beschäftigen. Drei politische Grund-Typen werden gegeben: Salina, der ›Leopard‹, der konservative Hocharistokrat, der sich der Revolution nicht anpaßt, aber sich ihr auch nicht entgegenstellt; Tancredi, sein Neffe, der die Revolution als ironischer Opportunist mitmacht – »Wenn wir wollen, daß alles bleibt, wie es ist, dann ist es nötig, daß alles sich verändert«, so lautet seine zynische Begründung, der Schlüssel-Satz des ganzen Buches – und Sedara, der Bürger und liberale Revolutionsgewinnler. Die Sympathien des Autors liegen eindeutig bei seiner Hauptfigur, dem ›Leoparden‹; wie er diese Gestalt in ihrer Kraft und ihrer Müdigkeit, in ihrem sizilianischen Regionalismus wie in ihrer Zeitlosigkeit erscheinen läßt, darin erreicht er seine höchste künstlerische Vollendung, und er krönt sie damit, daß er uns erlaubt, den Fürsten Salina trotzdem noch kritisch anblicken zu können. Zwar wird alles mit dem Komplex ›Sizilien‹ entschuldigt – über dessen Interpretation durch Tomasi di Lampedusa ich mir nicht zu urteilen erlaube –, aber davon abgesehen ist die Kritik des Fürsten am Verhalten des Adels zur bürgerlichen Reform, oder sagen wir es diskreter: zum heraufkommenden Kapitalismus, eine Kritik zum Tode.

Immerhin wird solches Verhalten durch Tragik geadelt. Die pseudorevolutionären Bürger kommen schlimmer weg: das Kapitel, in dem Salinas Jagdgenosse diesem den Hergang der ersten ›freien‹ Volksabstimmung im national-liberal geeinten Italien erzählt, ist von einem so herrlichen Geist schöpferischer Revanche erfüllt, daß es die Grenzen der Literatur sprengt und zu einem politischen Ereignis sui generis werden könnte. Nie wurde die Verwechslung der Freiheit mit dem allgemeinen Wahlrecht schärfer beim Namen genannt: beim Namen des Betrugs. Was ist es, das der große Konservative an der bourgeoisen Revolution so verachtet, daß er sich nicht einmal zu einer Geste gegen sie aufraffen will? Daß sie, indem sie alles verändert, nichts ändert. An einigen Stellen scheint es, als sehne sich der Aristokrat nach der großen, der endgültigen

Revolution, die er achten kann, weil sie alles ändert. Bei der Lektüre werden die Parallelen zu Balzac immer dichter; wie Balzac ist Tomasi di Lampedusa konservativ und katholisch; wie Balzac wird der moderne Italiener mittels konservativer Kritik zu einer konsequenten, grausam klaren Durchleuchtung der gesellschaftlichen Triebkräfte des Jahrhunderts geführt; wie Balzac der Parade-Autor für die Analysen von Benjamin, Lukács, Hans Mayer ist, so wird Tomasi di Lampedusa von Feltrinelli verlegt, von Feltrinelli, der trotz seiner Pasternak-Häresie immer noch die prominenteste Figur in der kulturellen Peripherie der Kommunistischen Partei Italiens ist, von Feltrinelli, der aus seiner Westentasche sein brillantes › Institut für marxistische Studien ‹ bezahlt. Das Buch ist ohne Zweifel – man entschuldige den groben Ausdruck, aber er trifft hier wie kein anderer – ein gefundenes Fressen für die eifrigen jungen › dottori ‹ eines solchen Instituts.

Diesseits der Alpen freilich kann der einflußreichste aller Rezensenten das Werk als reine Dichtung feiern. » Obwohl *Der Leopard* «, so schreibt Friedrich Sieburg, » im höchsten Grade ein sizilianischer Roman ist und ohne die Mitwirkung der Landschaft und des Volkscharakters nicht denkbar wäre, ist doch die Qualität dieses Buches so bedeutend, daß es auf keine zeitliche Bedingung angewiesen ist, um auf uns zu wirken. « Nur weil die Figur des Fürsten Salina uns auf eine allgemein menschliche Weise rührt, soll › ihre zeitliche Bedingung ‹, die viel mehr vermag, als uns zu rühren, geleugnet werden? Man versteht: der konservative Kritiker will den Konservativismus vor dem kritischen Dichter aus den eigenen Reihen retten, indem er sein Werk zum Meisterwerk erhebt und es auf solche Weise sakrosankt macht. Aber Tomasi di Lampedusas Buch ist kein Meisterwerk, sondern nur ein tragischer und schließlich aufgegebener Versuch dazu; es lebt, nicht weil es ein totes Meisterwerk ist, sondern ein lebendiges Dokument einer › zeitlichen Bedingung ‹, nur als solches erregt es uns, nur als solches bewegt es uns zum Nachdenken, und nur als solches wird es vielleicht in jener kurzen Zeitspanne, die wir der Kunst als › Ewigkeit ‹ zubilligen, seinen Lohn empfangen: den Lohn des Ruhms.

Choreographie des politischen Augenblicks
Wolfgang Koeppen, › Der Tod in Rom ‹

In Westdeutschland – genauer gesagt: in der westdeutschen Literatur – ist etwas Außergewöhnliches geschehen. Seit 1953, also seit sehr kurzer Zeit, ist ein Künstler von unbedingtestem Formanspruch unter uns erschienen, der sich als politischer Romancier verwirklicht. Man wird einwenden, politische Romane gäbe es bei uns mehr als genug. Sieht man von den eilfertigen Ausschlächtern des rohen politischen Fleisches ab, so gewahrt man jedoch, daß das politische Thema in der erzählenden Literatur bisher nur auf drei Arten abgehandelt wurde: als Autobiographie, als Retrospektive oder als Utopie. Die Zeit, in der Politik stattfindet, ist jedoch die Gegenwart. Politik spielt sich in diesem Moment ab. Der politische Roman muß dementsprechend die künstlerische Realisation des Momentes sein, in dem Politik geschieht. Nach allem, was wir über das Wesen künstlerischer Produktion wissen oder zu wissen glauben (der Künstler muß genügend Abstand vom Erlebnis gewonnen haben, um es im Kunstwerk neu verfertigen zu können, oder: der Künstler muß Seher sein), ist der so definierte politische Roman also eine bare Unmöglichkeit. Das Außergewöhnliche im Auftreten Wolfgang Koeppens besteht darin, daß er sich mit dem Unmöglichen arrangiert hat. Die Kühnheit seines Versuches, dem politischen Moment eine epische Form zu geben, wird höchstens noch von seinem Mut übertroffen, eben diesen Moment schonungslos zu deuten.

Die amerikanische Zeitschrift *Life* hat in ihren besten Bildreportagen einen fotografischen Stil gebildet, in dem das Foto, scheinbar das naturalistischste aller Stilmittel, alle im üblichen Sinne illustrativen, abschildernden Absichten aufgibt und die Epoche, oft nur in einem einzigen Bild, zusammenrafft und durchleuchtet. Ähnliches geschah in gewissen italienischen, französischen und japanischen Filmen. In der Weise dieser neuen, anti-naturalistischen, die Realität durchleuchtenden Fotografie ist die Technik Koeppens eine fotografische. Einige Szenen des *Tod in Rom* lesen sich wie Einstellungen aus Drehbüchern Eisensteins oder de Sicas, so etwa die grausige Katzenszene am Pantheon oder der Gang der beiden jungen Männer über die mit Flugblättern bedeckte Piazza del Popolo.

Aber schon das Schicksal Dos Passos' hat bewiesen, daß das Camera-Auge allein nicht genügt, einen Roman zu erzeugen. Koeppen, vor die Frage gestellt, wie er der Literatur des Moments, die er zu schaffen gedachte, Dauer verleihen könne, wählte sich als Methode des Erzählens mit großer Sicherheit den inneren Monolog. Der Augenblick und das Selbstgespräch stehen ja in direktem Kontakt – man braucht nur den Schalter umzudrehen, um im Raum des Erlebnisses das Licht der monologischen Reflexion des Menschen zu haben, der es erlebt. Koeppen bezieht sogar das Umdrehen des Schalters in seine Technik ein: er beginnt jedes Stück in objektiver Erzählung, setzt dann kurz ab und führt es im Monolog weiter. Dazwischen gibt es weite Partien, die rein erzählerisch behandelt werden, auch Deskriptionen – die Beschreibung Roms etwa im Stile jener vorhin gekennzeichneten Fotografie ist von außerordentlicher Schönheit –, aber sie haben hier die Funktion unerbittlich durchgehaltener Fermaten vor der Kadenz in den inneren Monolog, in dem der Augenblick, eben das, worauf es Koeppen ankommt, durchsichtig wird.

Selbstverständlich spielt der innere Monolog für Koeppen nicht nur eine formale Rolle. Er gestattet es ihm vielmehr, den politischen Moment in der Spiegelung der psychischen Qualität seiner Figuren zu zeigen. Die Psyche wird hier ganz unmittelbar sowohl als Material der Politik wie als die Politik Transzendierendes gezeigt. Keine andere literarische Form erlaubt es ja, Psyche so wahrheitsgemäß darzustellen, wie der innere Monolog; seit der Entwertung des Tagebuchs durch eine Literatur, welche das Tagebuch stilisierte, ist es nahezu das einzige Mittel zur unverfälschten Darstellung psychischer Reaktionen geworden. Notwendig haftet dem Selbstgespräch, in dem die in das Sexuelle und den Traum verflochtene Seele sich offenbart, etwas Anstößiges, ja Peinliches an. Aber gerade das Anstößige imprägniert den inneren Monolog mit Wahrheit. Bei James Joyce, der ihn geschaffen hat, steigert sich das Anstößige im Kataraktisch-Reißenden der Sprache bis zum Obszönen. Koeppen verliert sich, um seines politischen Themas willen, niemals im inneren Monolog; er führt ihn aber auch nicht bis in jene Abgründe, in denen die Wahrheit für den Leser absolut zwingend wird. Man wird noch erörtern müssen, ob es erlaubt ist, den inneren Monolog, wie Koeppen das tut, gleichsam zu stenografieren. Er gibt damit dem Leser die Möglichkeit, Wahrheit als Indiskretion mißzuverstehen. Für den unbefangenen Leser bleibt freilich der Eindruck von Wahrheitsliebe überwältigend.

Das Selbstgespräch hat in Koeppens Roman des politischen Moments aber noch eine weitere Funktion. Es erlaubt das mühelose Einblenden von Vergangenheit und Zukunft und verhindert so, daß der Augenblick aus der Geschichte künstlich herauspräpariert wird. In der sofortigen und automatischen Reflexion des Geschehens durch den Monolog bleibt es in Bewegung; der Moment wird im Zustand der Aktion gezeigt. Und damit gelingt Koeppen endgültig die scheinbar unmögliche Transposition von Tagespolitik in Kunst: das momentane Ereignis wird zur großen Parabel der Aktion. Man bemerkt, wie die Figuren, veranlaßt durch das Ereignis, oder das Ereignis veranlassend, handeln; man bemerkt auch, daß sie im Handeln scheitern; aber immerhin – sie haben gehandelt, obgleich in den Romanen Koeppens das Politische den Eindruck von etwas Selbständigem und Schicksalhaftem macht. Politik ist hier nicht etwas, das aus den Bewegungen verschiedener Figuren auf einem bestimmten, abgesteckten Feld entsteht, also gleichsam die in Bewegung geratene Beziehung dieser Figuren untereinander, sondern eine anonyme Realität, der man vielleicht den Namen des Bösen geben könnte. Obgleich Koeppen sich betont a-religiös gibt, transzendiert sein Unter-Bewußtsein den abstrakten Begriff des Politischen in das Sein einer konkreten, bösen Macht an sich, der sich der Mensch zu stellen hat. Der Roman Koeppens ist damit, analog dem Roman Sartres oder Malraux', nicht mehr humanistisch im Sinne der Aufklärung, sondern metaphysisch. Humanistisch bleibt er jedoch, wenn man als Maßstab für Humanismus die griechische Tragödie benutzt. (Man wird uns nicht unterstellen wollen, wir verglichen Koeppen mit Sophokles. Wir möchten nur darlegen, daß es Koeppen, Sartre, Malraux und Sophokles um ein und dasselbe geht: um die metaphysische Aktion der Menschen gegen die Götter.)

Der erste bewußt politische Roman Koeppens, *Das Treibhaus*, erschien 1953. Es ist der Roman vom Untergang eines Politikers, der das Gute will, in der Atmosphäre der Politik, die das Böse ist. Als erster Vorstoß eines deutschen Schriftstellers in den Raum gegenwärtiger deutscher Politik wurde das Buch interessiert aufgenommen; die 12000 verkauften Exemplare des *Treibhaus* werden eine tiefere Wirkung ausüben als die Hunderttausende verkaufter Kirsts oder Salomons, weil ein Werk der Kunst in tiefen Schichten des Bewußtseins Kettenreaktionen auslöst, wie sie von den Oberflächen-Explosionen der best-seller niemals bewirkt werden. In seinem neuen Buch, dem Roman *Der Tod in Rom*, hat Koeppen die Kunst noch weiter getrieben, er hat gewisse Züge des rein Experimentellen beseitigt und ein Werk von schöner stilistischer Geschlossenheit in einer unverwechselbar knappen, klaren und kühlen, fast möchte man sagen: preußischen Sprache geschaffen, einer Sprache, die sich niemals aus der Hand läßt, die aber in bestimmten Passagen, einem Seismographen vergleichbar, in feine Schwingung gerät. Das Thema des neuen Buches ist jedoch wesentlich spröder als das des *Treibhaus*.

Fast wäre es ein Roman unter Künstlern, ein Roman des jungen deutschen Komponisten Siegfried Pfaffrath, der zum internationalen Musikkongreß in Rom weilt, weil der große, seiner jüdischen Frau wegen aus Deutschland emigrierte Dirigent Kürenberg eines seiner Werke uraufführen wird, das Werk eines jungen Mannes, der die nationalsozialistische Erziehung durchlaufen hatte, um sich nun, Jahre nach dem Krieg, mit seiner Existenz und seinem ganzen künstlerischen Werk gegen die Welt seiner Eltern aufzubäumen – fast also wäre es ein Künstlerroman, wäre da nicht Onkel Judejahn zufällig zur gleichen Zeit in Rom, Onkel Judejahn, der große alte Nazi-Paladin, totgesagt und doch ein Mythos, der sich nach dem Krieg in einen der arabischen Staaten geflüchtet hat und nun als Emissär und Waffenaufkäufer dieses Staates in Rom weilt, gleichzeitig sondierend, ob die Stunde für seine Heimkehr nach Deutschland schon geschlagen hat. Gleich einem Leviathan bewegt sich Judejahn durch Rom, auf des jungen Komponisten Eltern zu, den Oberbürgermeister Pfaffrath, Mitläufer der Nazis und Mitläufer der Demokratie und bereits gewillt, schon wieder Mitläufer Judejahns zu werden. Und noch einer geht durch Rom: der Sohn Judejahns, der aus Abscheu vor den Taten seines Vaters katholischer Priester wurde. In der Hauptlinie ist *Der Tod in Rom* der Roman eines Kampfes zwischen den Generationen: der junge Pfaffrath, der junge Judejahn gegen die alten Pfaffraths, die alten Judejahns. So lebt in dem Pessimismus des Buches ein Element der Hoffnung. Aber die Generationen werden nicht einseitig gegeneinander gesetzt. Die ältere Generation weist auch den Dirigenten Kürenberg und seine Frau auf, die große Kulturtradition Deutschlands verkörpernd, und die jüngere enthält auch Dietrich Pfaffrath, den zum Manager Geborenen, der sich der Welt der Eltern assimiliert, um Karriere zu machen.

Aber der Roman ist doch in erster Linie ein Roman des Generationenbruchs. Am deutlichsten wird das dort, wo sich die Generationen nicht von vornherein feindlich gegenüberstehen, sondern wo zwischen ihnen a priori Sympathie herrscht, wie in der Beziehung zwischen Kürenbergs, des Dirigenten, Frau und dem jungen Komponisten. Seine Musik mißfällt ihr. »Was sie hörte, waren Dissonanzen, einander feindliche unharmonische Klänge, ein Suchen ohne Ziel, ein unbeharrliches Experiment, denn viele Wege wurden eingeschlagen und wieder verlassen, kein Gedanke mochte weilen, und alles war von Anfang an brüchig, von Zweifel erfüllt und von Verzweiflung beherrscht. Ilse kam es vor, als seien diese Noten von einem geschrieben, der nicht wußte, was er wollte. Kürenberg hätte überall in der Welt, in New York oder Sydney einträglicher dirigieren können; Ilse hatte ihm nicht abgeraten, Siegfrieds Symphonie für den Kongreß in Rom einzustudieren, aber sie bedauerte ihn nun, weil er sich um Zerfahrenes und Hoffnungsloses bemühte, um eine in ihrer Nacktheit schamlos wirkende Äußerung der reinen nichtswürdigen Verzweiflung.«

In solchen Passagen zeichnet Koeppen genau das Unverständnis der guten, alten, humanistisch-harmlosen Generation gegenüber dem fremdartig-verzweifelten Lebensgefühl des neuen Geschlechts. Koeppen rechtfertigt die Verzweiflung, indem er am Ende gerade Ilse Kürenberg, die Human-Optimistische, unter der Kugel des alten Judejahn fallen läßt.

Aus der Verzweiflung rührt aber auch die kalte, genaue Bösartigkeit her, die den Roman Koeppens von dem in der Weimarer Republik geübten linken Tendenzroman unterscheidet. Koeppens Roman ist Roman des politischen Moments auch insoferne, als er die Details der politischen Machtgruppen exakt beim Namen nennt. Sein Angriff ist von kaltem Haß diktiert und bösartig gezielt. Er weiß genau, mit wem er es zu tun hat. Er weiß, daß er mit einer Literatur des humanen Protests die Situation verfehlen würde. Der Streit um den Sergeanten Grischa ist nicht mehr möglich, weil Grischa bereits ermordet ist. Die Generation, die ihn ermordet hat, steht der Generation gegenüber, die den Mord erlebt hat, ohne sich gegen ihn wehren zu können. In dem Roman herrscht das kühle graue Licht des Morgens nach dem Mord. Alle Masken sind gefallen. In diesem Augenblick hebt derjenige, der die Folgen zu tragen haben wird, die Waffe gegen den Mörder. Völlige Lautlosigkeit. Der Schuß fällt nicht. Aber die Mündung der Pistole sagt: Du bist erkannt. Und sie fügt hinzu: Weil du genau erkannt bist, schießen wir das nächste Mal zuerst. Koeppens Roman ist eine erhobene Pistole.

Dennoch sinnt sein Held, der junge Siegfried Pfaffrath, nicht auf Rache. Es genügt ihm, die Mörder erkannt zu haben. Sie stehen im Lichte einer Verachtung, die alle Rache überflüssig macht. Wie der alte Judejahn richten sie sich im Amoklauf selbst. Was aber wird aus Siegfried? Zunächst empfängt er den Preis, den *halben* Preis des römischen Kongresses für moderne Musik – wie die geistvolle List des Autors es will. Die Welt der Kürenbergs, die Welt der kulturellen Tradition, nimmt ihn in ihre Mitte auf. Aber so, wie sie ihm nur den halben Preis zuerkennt, tritt er nicht völlig in sie ein. Er ist zu tief in die Verzweiflung geraten, um sich nicht ironisch von ihr distanzieren zu müssen: »Die Engel waren nicht gekommen. Die Engel von der Engelsbrücke waren der Einladung der alten Götter nicht gefolgt. Sie tanzten nicht mit den alten Göttern auf dem capitolinischen Hügel. Ich hätte es gern gesehen, wenn Strawinsky hier zwischen geborstenen Säulenresten am schwarzen Flügel gesessen wäre. Am schwarzen Konzertflügel hätte der Meister im Kreis der weißen, etwas schmutzigen Marmorflügel der Brückenengel und unter dem großen reinen Flügelhauch der Götter, die Luft und Licht waren, seine › Passacaglia ‹ spielen müssen; aber die Engel waren ausgeblieben, die Götter hatten sich versteckt, Wolken drohten am Himmel, und Strawinsky sagte nur: ›Je salue le monde confraternel!‹« Aber dabei bleibt es nicht. Es kommt zur schönsten, zur geheimnisvollsten und klarsten Aussage des Buches im inneren Monolog des jungen Siegfried: »Mir war das Geld des Preises willkommen. Ich würde nach Afrika reisen. In Afrika würde ich eine neue Symphonie schreiben. Vielleicht würde ich sie im nächsten Jahr in Rom den Engeln vorspielen; die schwarze Symphonie des schwarzen Erdteils würde ich den weißen Engeln von Rom auf dem alten Götterhügel vorspielen. Ich weiß, Europa ist schwärzer. Aber ich will nach Afrika reisen, ich will die Wüste sehen. Mein Vater wird es nicht begreifen, daß man nach Afrika fährt, um die Wüste zu sehen und aus der Wüste Musik zu empfangen. Mein Vater ahnt nicht, daß ich der sehr devote Komponist der römischen Engel bin. Das Konzil hat Palestrinas Musik gebilligt, der Kongreß hat meine Musik anerkannt.«

So bricht in dem sehr bewußten, sehr rationalen Werk Koeppens das innerste Geheimnis der heutigen Dichtung auf: der Mythos vom Fortgehen ins Elementare. Einige Jahre nach dem Krieg war die Dichtung beherrscht vom Mythos der Heimkehr. Aber die Heimkehrer fanden nicht, was sie suchten; die geschlossenen Türen öffneten sich nicht. Eine Weile versuchten sie, sich ›draußen vor der Tür‹ einzurichten. Bis sie begriffen, daß es ihnen auferlegt war, noch einmal fortzugehen. Fortzugehen in die Wüste, das Synonym für Reinheit, Strenge, Schweigen, die Chiffre der Einsamkeit. Die Prüfung der Einsamkeit war die Bedingung, die der ›Kongreß‹ ihnen auferlegte. Denn der Glaube an das Dasein eines unsichtbaren

Kongresses, in den sie eines Tages aufgenommen werden, ist das andere große Geheimnis, das die heimatlosen Dichter unserer Tage bewegt. Die Literatur der Revolte ist zugleich die Literatur des Wunsches nach reinen, vom Gedanken der Macht nicht befleckten Ordnungen. Die Heimat des revolutionären Künstlers ist ein Parnass, der von den ›Parnassiens‹ niemals erreicht wird. Es gibt keinen Palestrina, der nicht wünscht, von diesem Konzil gebilligt zu werden.

Den zeitlichen und überzeitlichen Sinn fügt Wolfgang Koeppen in ein Prosa-Stück, das sich am Ende liest wie die Choreographie eines Balletts. Die Figuren sind auf der Bühne Roms angeordnet. Ihr Suchen, Finden und Sich-Verlieren hat nichts mehr mit Wahrscheinlichkeit zu tun. Eindrucksvoll zeigt dieser knappe, federnde Roman, zu welchen scheinbar ganz außerhalb ihrer Reichweite liegenden Stilmitteln die realistische Schreibweise greifen kann, wenn sie von einem intelligenten Bewußtsein bewegt wird. Eines der mutigsten Bücher, das wir je gelesen haben, hat sich in die Magie eines todtraurig getanzten Balletts gekleidet. Sehr alte Kunst rührt uns an: durch die Bewegung beherrschter Figuren tritt der Augenblick in die Ewigkeit über. Die Faszination durch solche Bewegung wird unvergeßlich bleiben.

Dort ist ein Feuer

Hans Magnus Enzensberger

1

1929 geboren, ist man 1945 gerade so alt, daß man das Ende des Krieges ins Bewußtsein hat nehmen können. Jetzt nur schnell weg von der Familie, auch wenn die Mama wunderbar ist, der kleinbürgerliche Hintergrund ist nicht zu ertragen. Die kleinbürgerliche Familie wird im Bewußtsein mit dem Anlaß und dem Ende des Krieges synchronisiert; die Formel lautet: Bankerott. Fast alle großen Begabungen entstehen aus kleinbourgeoisen Zusammenbrüchen, sie entstehen nicht aus einer hypothetisch fortschreitenden zweiten Generation von Metalldrehern und Lokomotivführern, nicht aus dem finanziellen caché von Generalvertretern und Galeriedirektoren, sondern aus der Trauer, aus der Langeweile, aus der Dekadenz, die in den Wohnungen fallierender Buchprüfer, resignierender Studienräte, erfolgloser Schauspieler herrscht. Wenn man Brüder hat, so übt man mit ihnen Geheimsprachen ein, Snobs-Diktion, die nicht einmal von der Mama verstanden werden darf. Aber dann läuft man auch schnell davon, ins Studium, in europäische Trampfahrten, *auf den Lippen versäumte Gedichte*, wie man später schreiben wird, obwohl man sie gar nicht sehr lange versäumt, man findet sie plötzlich in seinen Taschen vor, zusammen *mit Morgensternen, mit Drachen aus grünem Papier, mit netten Tiraden, Säuglingen, Kronen und Trommeln*, mit Erinnerungen an Pablo Neruda, den man übersetzt, mit Einflüssen, Abhängigkeiten, Anregungen, die man wegwirft oder behält, denn man ist nicht naiv, man ist sehr bewußt, mit 25 Jahren baut man schnell und summa cum laude seinen Doktor, um frei zu sein.

Mit 25 Jahren ist Enzensberger frei. Frei ist man jedoch immer nur für Augenblicke. Frei ist man, solange man für ein Taschengeld Jazz-Platten in Funkstudios trägt, solange man Abende hindurch in Paris zu Füßen von Maria Casarès sitzt oder mit Roger Pillaudin, mit Bernard Dort und den anderen Brüdern im Geiste die Nächte durch diskutiert.

Es ist die Zeit, in der Enzensberger noch Zeit hat, in seinem Koffer *ist viel bekritzeltes Papier für meinen winzigen Vetter; der soll Luftschiffe falten daraus, schön von der Brücke segelnde*, und das Papier wird zu nichts weiter benutzt als zum Notieren einfacher Feststellungen, allerdings überraschender, morgenfrischer Feststellungen, *für geringes Geld ist feil eine nördliche Insel, mit zweimal fünf Zähnen küßt man einander in Jerez, ein Karussell heißt Pferdemühle in Holland, in Spanien hurtiger Vetter, Länder gibt's ohne Türklinken, andere ohne Trauben*, ja, es ist die Zeit der freundlichen Gedichte, die Zeit, in der Enzensberger noch in einem herrlichen Gedicht mit dem Titel ›Hôtel Fraternité‹ seinen Feind in sein Inneres übernimmt und als seinen Bruder anspricht.

Der Augenblick geht vorüber. Eine Entscheidung ist immer eine Entscheidung gegen das Frei-Sein. Enzensberger wählt einen Beruf, denn ein Dichter muß einen Beruf haben, »um leben zu können« – dies ist die von der Gesellschaft akzeptierte Bedingung. Im Jargon der Verleger, der Funkleute, der Kulturfunktionäre wird noch eine andere Formel benutzt. Sie lautet: der Autor wird eingekauft. Das ist noch nicht einmal Zynismus. Seit mehr als hundert Jahren wird in der kapitalistischen wie in der kommunistischen Produktionsgesellschaft das Gedicht aus einem Tabu in eine Ware verwandelt.

Der Dichter kann sich verkaufen oder nicht verkaufen; in letzterem Falle wird er nicht produziert und infolgedessen nicht konsumiert, es gibt ihn praktisch nicht, die ›Stillen im Lande‹ mögen ehrwürdige Leute sein, aber sie sind keine Schweigenden, sondern Stumme; ihre Lautlosigkeit erfüllt keine dialektische Funktion. Enzensberger ist zu klug, um die Lage nicht einzusehen, natürlich verkauft er sich, aber was ihn mit Entsetzen erfüllt, ist die Erkenntnis, daß er sich in der Welt wiederfindet, aus der er geflohen ist. Die Welt der Funkhäuser, Redaktionen und Verlage ist die Welt des geistigen Kleinbürgertums, *vom Bildschirm lächeln die Zinken des Wuchers, die Kontinente verhören einander, über den Totschlag verhandeln Atome und Prokuristen*, dies stürzt ihn in maßlose

Trauer und später in Verachtung; eine eminente Begabung, in zehn Minuten hervorschüttelnd, worüber andere, die sich schwerer tun, lange brüten, bedient er verächtlich die Apparate und die Funktionäre, wirft er ihnen Modell-Manuskripte hin oder routinierte Mache, greift er in einer blendenden Analyse den Machtapparat in seiner Schein-Opposition, dem allmächtigen ›Spiegel‹, an und verkauft eben jenem ›Nachrichten-Magazin‹ das Recht, den Angriff, aller wirksamen Stellen beraubt, in der Öffentlichkeit zu kastrieren. Nur in seinen Gedichten ist er ganz er selbst, da wird er sich klar über *die harte Poetik fester Tarife*, der ennui überwältigt ihn, der Ekel über die Weiber, *ich habe den scheckigen Ritus satt, den Sudelzauber mit Laich, die blinde Besamung im süßen Schlamm,* über die Metzger, denn *seufzend verbergen die Metzger sich vor dem wilden Auge der Unschuld,* über die Fahnen, *tut mir doch die Fahne aus dem Gesicht, sie kitzelt,* kurz, der Ekel über alles und jedes, jener Ekel, der dem kalten Haß vorausgeht.

Ehe er angreift, prüft er noch einmal seine Mittel. Er gehört der Generation an, die mit der Evolution der Poesie bereits aufgewachsen ist, die sich nicht, wie die der Vierzigjährigen, das große europäische Sprachereignis, den Surrealismus, erst mühsam nachvollziehend aneignen muß. Diese jungen Männer und Mädchen bedienen sich der Identifikation, Genitivumkehrung, Abstraktion und Konkretisierung der Abstraktion so, wie ihre Altersgenossen sich der Zündkerzen, der Integralrechnung und der elektronischen Musik bedienen, Autos und Gedichte werden montiert, Gedichte heißen »Telegrammschalter Null Uhr Zwölf« oder »Bitte einsteigen Türen schließen«, und wer es nicht glaubt, daß sie trotzdem Gedichte bleiben, mag sie bei Enzensberger nachlesen. Gerade er hat die neue Ästhetik völlig intus, souverän schaltet er mit ihr, das Paradox der Identifikationen schmiegt sich ihm in die Hand, *manitypistin stenoküre* etwa, und manchmal gelingen ihm wunderbare rhythmische Inventionen, wie dieser Gedichtschluß:

nachts im Fluß schwimmst
und schwarz violett
Fisch klinglos
Fisch mondlos
Fisch.

Sie gelingen ihm, denn er, Enzensberger, hat etwas, das die wenigsten besitzen: die mozartisch schwerelose, die leichte Hand.

Mit der leichten Hand begabt, hätte er sich in der Rolle des Zauberers, des Lieblings einrichten können, des ungezogenen sogar, des süßen kleinen Snobs, der Frechheiten sagt, die Gesellschaft liebt solche Künstler, fast ist sie bereit, auf ihre Erich Kästners und Kurt Tucholskys zu hören. »Nie hat man in einer ungemütlichen Situation sich's gemütlicher eingerichtet«, urteilt Walter Benjamin lange vor 1933 über diese, und: »Ihre Funktion ist, literarisch betrachtet, nicht Schulen, sondern Moden, ökonomisch betrachtet, nicht Produzenten, sondern Agenten hervorzubringen.«

Enzensbergers Intelligenz ist zu hoch entwickelt, um sich mit einer solchen Rolle zu begnügen. Sein Bewußtsein gestattet es seiner leichten Hand nicht, sich zu emanzipieren.

Die Eleganz genießt bei ihm nicht das Recht der Autonomie. Was ihn beherrscht, ist ein Gefühl, das zwischen wildem Haß und hellem Zorn, zwischen hochmütiger Verachtung und Empörung pendelt. Eleganz, Leichtigkeit und souveräne Begabung dienen ihm nur dazu, seinen Haß sprühend zu machen. In dieser Stimmung und mit solchen Mitteln schreibt er seine › Bösen Gedichte ‹, 18 an der Zahl. Es sind 18 Demaskierungen sondergleichen, 18 zischende Infamien gegen das Infame, 18 eiskalt ausgeführte Schläge in die Fresse der Unmenschlichkeit. *Ein Anblick zum Zähneknirschen sind die fetten Eber auf den Terrassen teurer Hotels, auf den Golfplätzen, sich erholend von Mast und Diebstahl, die Lieblinge Gottes,* so schreibt er, und *Sorgt Euch nicht! Gutes Gedächtnis ziert die Angler, alte Erfahrung. Sie tragen zu Euch die Liebe des Metzgers zu seiner Sau,* und *bekanntlich wächst, wo Gefahr ist, das Rettende auch. Schon stecken sie auf den sinnreichen Karten ab*

neue Felder der Ehre, auf denen ihr euch, preiswert sterbend,
Unsterblichkeit reißen könnt unter die blauen, blutigen Nägel.

Endlich, endlich ist unter uns der zornige junge Mann erschienen, der junge Mann, der seine Worte nicht auf die Waagschale legt, es sei denn auf die der poetischen Qualität. Er hat geschrieben, was es in Deutschland seit Brecht nicht mehr gegeben hat: das große politische Gedicht.

Eine Begabung wie diejenige Enzensbergers wird immer gefährdet sein. Was wird mit ihm geschehen, wenn der Zorn einmal nachläßt, wenn nicht mehr Empörung die leichte Hand regiert? Gleichviel – mit diesen 18 Gedichten hat er einer Generation Sprache verliehen, die, sprachlos vor Zorn, unter uns lebt.

2

Es gibt für den Auftritt Hans Magnus Enzensbergers auf der Bühne des deutschen Geistes keinen anderen Vergleich als die Erinnerung an das Erscheinen von Heinrich Heine. Dichtung aus Kritik, aus dem Kern eines kritischen Grunderlebnisses hervorbrechend, ist – übrigens nicht nur in Deutschland – ein äußerst seltenes Ereignis; es gehört ja zu den falschen Prämissen eines falschen Dichtungsbegriffs, der Kritik keinen schöpferischen Rang zuzubilligen. Kritik soll immer etwas Abgeleitetes, sie kann nicht die Substanz selbst sein. Wo sie zur Dichtung wird, wie bei Heine, Brecht und Enzensberger, gehen der Theorie die Kriterien aus. Was die Möglichkeit betrifft, Enzensberger mit Brecht zu vergleichen, so kann man wohl sagen (wie der Verfasser dieser Empfehlung es getan hat), Enzensberger habe geschrieben, was es in Deutschland seit Brecht nicht mehr gegeben hat: das große politische Gedicht. Aber da endet auch schon die Parallele zu Brecht, denn selbst der junge Brecht, der Brecht der *Hauspostille*, läßt bereits die Ideologie ahnen, an die er sich später binden wird. Auf eine Bindung solcher Art sind Enzensbergers Gedichte nicht angelegt; mit einigem Pathos könnte man erklären, sie seien auf die Freiheit angelegt, aber da Pathos die ungefähr schlechteste Tonart für einen Hinweis auf *Landessprache* wäre, muß man sich damit begnügen, Enzensberger als Liberalen zu bezeichnen. Wem dieser Begriff bereits völlig diskreditiert erscheint, mag an Gedichten wie *Ich, der Präsident und die Biber* oder *Isotop* studieren, zu welch überraschenden Mutationen schon für tot angenommene Geisteszüge finden können, unter dem Zwang der historischen Situation und im Glückszufall eines dichtenden Subjekts von hohem Freisinn. Kritik als Dichtung, auftretend in natürlicher liberaler Konstitution – hier berühren sich das Wesen des dreißigjährigen Enzensberger und des dreißigjährigen Heine der *Harzreise*, ihr Wesen und ihre Wirkung. Alle Eigenschaften, mit denen wir heute gewohnt sind, Heine zu definieren – die lyrischen Ausbrüche und den blitzenden Witz, den schnellen Wechsel von Ernst zu Spott, die Beweglichkeit der Gedanken·wie des Stils – sie machen aus, was wir auch an Enzensbergers virtuosem Auftritt bewundern. Und genau wie Heine vom jungen Deutschland als eine Erlösung von der taub und schal gewordenen Romantik empfunden wurde, so scheint auch Enzensberger für uns einen epochalen lyrischen Leerlauf zu beenden: die Epoche der sterilen ästhetizistischen Gebilde, der hunderttausend Gedichte in der Nachfolge Benns und der Nachfolge Chars, die Epoche einer dummen Esoterik, die Hermetismus mit Inhaltslosigkeit verwechselt. Wie der Vergleich mit Brecht, so endet auch der mit Heine. Denn Heine konnte sich auf den Liberalismus als auf eine Realität beziehen: er lebte im Zeitalter Cannings und der Julirevolution. Er konnte nach Paris gehen als dem ›neuen Jerusalem des Liberalismus‹. Für Enzensberger gibt es kein solches Jerusalem mehr, nirgends. Deshalb die größere Härte, die absolute Trostlosigkeit seiner Gedichte, die Invektiven (aus denen er eine hohe Kunst macht), der Slang und die Kälte. Es ist unmöglich, hier auszuführen, wie unter der Decke dieses Zynismus eine neue Ethik entwickelt wird; jeder, der diese Gedichte liest, wird das spüren. Daß dergleichen dann noch Poesie ist, sich auf einen unauflöslichen poetischen Kern bezieht, in ihm magisch gerinnt, ist zum Staunen. Und so lesen denn Freunde wie Feinde diese Gedichte: staunend.

Hans Magnus Enzensberger hat sein drittes Gedichtbuch in vier Teile gegliedert. Der erste Teil heißt *camera obscura*, und in dem Gedicht gleichen Namens sagt der Verfasser, er sei in seinem unendlichen Zimmer allein

> mit einem spiralnebel
> von bildern
> von bildern von bildern
> von bildern von bildern von bildern
> enzyklopädisch und leer
> und unzweifelhaft.

Der zweite Teil trägt den Titel des ganzen Buches: *blindenschrift*. Ein Kritiker, den ich sehr schätze, Rudolf Hartung, hat von den politischen Gedichten, die in diesem Teil zusammengefaßt sind, gesagt, sie machten deutlich, daß der große Zorn Enzensbergers in ihnen verraucht sei. Das verstehe ich nicht, angesichts solcher Gedichte wie *middle class blues, bildnis eines spitzels, gerücht, nänie auf den apfel*, und angesichts der ganz eindeutigen Erklärung des Autors:

> meine feinde setzen mich in erstaunen.
> sie meinen es gut mit mir.
> dem wäre alles verziehen, der sich abfände
> mit sich und mit ihnen.
> ein wenig vergeßlichkeit macht schon beliebt.
> ein einziges amen,
> gleichgültig auf welches credo,
> und ich säße gemütlich bei ihnen
> und könnte das zeitliche segnen,
> mich aufhängen, im großen und ganzen,
> getrost und versöhnt, ohne zweifel,
> mit aller welt.

Es ist allerdings richtig, daß Enzensberger in seinen neuen politischen Gedichten den Zorn formal zügelt, zurücknimmt aus geschrieener Empörung in knappe Verachtung oder, auch noch die Verachtung überwindend, in kühle Kritik. Im dritten Teil, *leuchtfeuer*, beginnt der Dichter, sich mit seinem Leben im nordeuropäischen Raum, in den er sich zeitweise zurückgezogen hat, auseinanderzusetzen. Die Spannung dieses Rückzugs zu gleichzeitigen neuen Erfahrungen, Erinnerungen, Reisen und Lektüre wird sichtbar, aber das Titelgedicht zeigt in seiner federnden Genauigkeit den gefundenen Punkt an:

> das feuer dort leuchtet,
> ist nichts als ein feuer,
> bedeutet: dort ist ein feuer,
> dort ist der ort wo das feuer ist,
> dort wo das feuer ist ist der ort.

Im letzten Teil, *schattenwerk*, wird dieser Punkt dann wieder verlassen. Hier finden sich, in Gedichten wie *flechtenkunde* und *lachesis lapponica* die großen Erkundungen Enzensbergers in ein ihm selbst noch unbekanntes Terrain. Mit *lachesis lapponica* dürfte, wenn nicht alle Zeichen trügen, eines der folgenreichsten deutschen Gedichte unseres Jahrhunderts geschrieben worden sein, weil in ihm die tragische Situation des Menschen zwischen dem Zeitlosen – *hier ist nichts los* – und der Zeit, zwischen den *Geistern* und dem *Standpunkt*, zwischen der *weißen Schrift* und dem *Einverständnis* auf die reinste Weise zum Ausdruck kommt. Aus ihm können Zeitlose und Engagierte ihre Programme ablesen; die Größe Enzensbergers besteht aber darin, daß er die Entscheidung in der Schwebe hält. Das reizende à-la-suite-Gedicht *mehrere elstern* wendet den Ausblick auf die Existenz des Poeten ins Leichte. Drei höchst seltsame Gedichte, die sich mit dem Phänomen des Schattens beschäftigen, die Vorliebe Enzensbergers für die Farbstellung schwarz-weiß bezeugen und sie ins Paradigmatische einer Andeutung der eigenen Lage heben, schließen den Band.

Auch die neuen Gedichte verleugnen alte und neue Einflüsse, denen Enzensberger sich ausgesetzt hat, nicht. So ist das Elstern-Gedicht ein klares Gegenstück zu Wallace Stevens' berühmter lyrischer Variationsreihe *Thirteen ways of looking at a blackbird*. Aber Enzensberger hat jetzt eine solche Souveränität erreicht, daß er es sich leisten kann, Einflüsse ganz offen zu zeigen. Bezeichnend ist dafür seine Aufnahme des Brecht-Tons, etwa in einem Gedicht wie *abendnachrichten*. Enzensberger hat sich ja immer sehr beeindruckt gerade vom späten Brecht gezeigt, dessen Lyrik – gestehen wir es uns ruhig ein! – nur einen schwachen Abglanz von der Kraft der *Hauspostille* spiegelt. Bei Enzensberger wird dieser ein wenig schwache, ein wenig trockene späte Brecht-Ton ins Intensive und ins wirklich Lyrische gewendet. Kein Gedanke an Epigonie kommt da auf, höchstens der an die Mimesis einer Tradition. Wie grandios mimetisch verwandelt zeigt sich der Kinderreim, nun endlich und gänzlich nach Haus gebracht, in einem so vollendeten Gedicht wie *mund!* Ich muß noch einmal Rudolf Hartung widersprechen, der gemeint hat, die vollkommene Meisterschaft, das absolute Können, das diese Gedichte auszeichne, mache sie zugleich geheimnislos. Dergleichen könnte man von der Marmorglätte klassizistischer Gebilde sagen, von denen Enzensbergers Sprachstruktur so weit entfernt ist wie, vergleichsweise, Juan Gris von Matisse. Allerdings ist Enzensberger noch im Besitz der alten Kunst-Wahrheit, derzufolge nichts dunkel gesagt werden darf, was auch klar gesagt werden kann. Entweder hat man Geheimnisse, dann spürt man sie hinter aller Klarheit, oder man hat keine, dann hilft es auch nichts, wenn man alle Lampen löscht. Ein Mann wie Enzensberger, der ganz aus dem Melos und dem Rhythmus seiner Sprache lebt, kann es sich erlauben, alle Wörterbücher der Welt zu benützen. Nur selten vergreift er sich manchmal in der Wahl einer Metapher, so im fatalen *schweißtuch der theorie* als Bild für schwierige philosophische Arbeit, oder es unterläuft ihm ·die manierierte Zeitmaßbildung *ward* statt *wurde* in der Zeile *das gefriedete, in dem es nicht dunkel ward*. Eine gewisse Neigung, die didaktischen Linien zu stark auszuziehen, macht sich da und dort bemerkbar: so scheint mir das Gedicht *middle class blues* um drei Zeilen zu lang zu sein. Noch im geringfügigen Zittern der Hand freilich verrät sich das Wesen dessen, der sie führt: nie würde dieser geheime Gotiker die Gespanntheit der Linie, die Reinheit der Zeichnung für die schönen Wolken tauschen, die über einen Farbenhimmel ziehen.

Aus den Küchen des Seins
Ernst Wilhelm Eschmann

Die Gedichte Ernst Wilhelm Eschmanns korrespondieren mit einigen Gedichten Brechts, insbesondere der *Steffinischen Sammlung* und der *Buckower Elegien*. *Sommerurlaub in Buckow* (1956) beispielsweise* entspricht aufs genaueste irgendeiner Passage aus *Vorstadtecho* (1949). Natürlich war Brecht nicht von Eschmann beeinflußt; wahrscheinlich hat er ihn gar nicht gekannt. Das aus Prosa-Sätzen bestehende Langzeilen-Gedicht lag in der Luft. Es taucht – übrigens um die gleiche Zeit – bei Benn auf *(Gewisse Lebensabende – Chopin)*, steigert sich in Epen (Saint-John Perse, Neruda), transformiert die Welt-Lyrik (Montale, Char, Marianne Moore, Ginsberg). Auch dort, wo die Formen knapper sind, besteht das Gedicht heute, grammatikalisch betrachtet, aus nur schwach rhythmisierten Prosa-Sätzen (Ungaretti, Williams, Eich). Die formale Differenz ist, mehr oder weniger, eine typografische. Das kann man bei Eschmann selbst feststellen, wenn man die Erstausgabe der *Tessiner Episteln*, 1949, mit der nun vorliegenden Fassung vergleicht. 1949 sieht der Beginn des ersten Gedichts noch so aus:

> »Früher krempelte ich mir immer die Ärmel hoch
> daß Feierlichkeit über mich käme, Feierlichkeit,
> höchst nötig zum Dichten «,

indessen 1970 die folgende Textanordnung gegeben wird:

> Früher krempelte ich mir immer die Ärmel
> hoch daß Feierlichkeit über mich käme, Feierlichkeit
> höchst nötig zum Dichten.

Während früher noch Versform prätendiert wird, bietet Eschmann jetzt die Prosastruktur offen dar. Dem Gesetz des geschlossenen Satzspiegels von Prosa folgend, werden die Lang-

---

* Bertolt Brecht, *Gedichte* VIII, S. 206

zeilen rücksichtslos umbrochen, im Vertrauen darauf, daß ihr Rhythmus nicht verlorengeht. Er geht nicht nur nicht verloren, sondern wirkt nun, durch grafische Diskretion, selbstverständlicher.

Eliot hat in einer Vorrede zur *Anabasis* von Saint-John Perse (von dessen Emphase Eschmann weit entfernt ist) das Problem des Prosagedichts untersucht. Durchaus in eigener Sache argumentierend, weist er darauf hin, daß die Begriffe *Verskunst* und *Poesie* sich nicht decken und daß » ein Autor, wenn er wie Perse bestimmte, rein poetische Methoden anwendet, Poesie in Prosaform schreiben kann.« Er macht auf einen Mangel in der literarischen Arbeitsterminologie aufmerksam, wenn er schreibt: » Poesie unterscheidet bereits zwischen guter und schlechter Verskunst, aber wir haben kein einziges Wort, um schlechte Prosa von guter Prosa zu unterscheiden.« Hinsichtlich Perse kommt er zu den Schlüssen, die auch auf die Gedichte Eschmanns vollständig zutreffen: » Die Sequenzen, die Logik der Bilderwelt: das ist Poesie und nicht Prosa, und folglich – man darf die Zusammenhänge hier nicht übersehen – ist das Deklamatorische, das System der betonten und unbetonten Silben, das oft nur durch die Interpunktion oder durch den Druck hervorgehoben wird, Poesie und nicht Prosa.«*

In den nunmehr unter dem Titel *Tessiner Episteln* (Claassen Verlag 1970) endlich gesammelt vorliegenden Gedichten Ernst Wilhelm Eschmanns (enthaltend die schwer oder überhaupt nicht zugänglichen lyrischen Schriften von 1949–1962), besitzen wir die vorzüglichsten modernen Langzeilen-Strophen in deutscher Sprache. Die Einheit ihres formalen und inhaltlichen Charakters – ›Logik der Bilderwelt‹ und ›Deklamatorisches‹ – ist offensichtlich, doch eben deshalb schwer zu definieren. Nur Vorläufiges kann notiert werden.

Fast überall spricht hier ein Mann aus dem Norden, der im Süden lebt. Dergleichen scheint unwichtig, ein privates Vorkommnis, doch konstituiert es im Falle Eschmanns die Tonlage, die Sprache des Gedichts. Auf eine bisher in der deutschen Lyrik nicht dagewesene Art überträgt es eine phäno-

---

* Saint-John Perse, *Dichtungen*, herausgegeben von Friedhelm Kemp, Neuwied 1957, S. 419/420.

menale Erfahrung – die Existenz des *Italieners* – ins deutsche lyrische Objekt. Mehr noch – das Gedicht findet die südliche Wahrheit, die absolute Substanz des Südens:

> Du möchtest dazugehören. Aber ich weiß nicht
> sie haben so vieles in sich, wovon Du nichts
> weißt
> alte Schatten noch stehender Kirchen jahrhun-
> dertelangen
> Zwist von Familien aus dem niemand ausbre-
> chen kann
> gedrückte dürre Bauern als Vorfahren und
> Kardinäle die ihren Mangel an Glauben durch
> eine prachtvolle Haltung ersetzten.
> Das sind nicht die schlichten Seelen von Han-
> delskammerpräsidenten
> das sind nicht Leute denen man so einfach auf
> die Schulter klopfen kann
> Americano ich würde mich vorsehen.

Diese Mythologie des Südens wird auf alles ausgedehnt, auch auf Themen, die sie übersteigen, auch auf Eschmanns General-thema, von dem er sagt:

> Für diese Dinge bin ich angestellt und bezahlt
> wenn ich einmal nicht aufpasse verliere ich
> meine Stellung mit dem beträchtlichen Gehalt
> freie Wohnung im Nichts, Grillengeschmet-
> ter, das Gefühl des Regens auf meiner Haut
> und die gute Kost aus den Küchen des Seins.

Übrigens geht er fast nie so weit wie an dieser Stelle; in der Regel hält Eschmann zurück, verhält er sich beiläufig, oft aus-gesprochen humoristisch,

> ein Gedanke, eben aufsteigend, will beruhigt
> werden, daß er keinerlei Bedeutung hat und sich ru-
> hig wieder hinlegen kann.

Das Generalthema Eschmanns, eben jenes von den *Küchen des Seins* – kann man es so leicht ›ableiten‹, wie man seine

Form schließlich zu anderen Formen des Prosagedichts in Beziehung setzen kann? ›Hat‹ man Eschmann, wenn man ihn als ›modernen Konservativen‹ bezeichnet?

Solchen Spezifikationen widerstehen seine Gedichte, die dort, wo sie ihre Selbst-Verständlichkeit erreichen (*So morgenvergnügt war der Platz – Noch schaudernd von Morgengrauen – Nach dem Regen – Ich singe den gewöhnlichen Mann –* genug, es ist unmöglich, alle aufzuzählen!), der Interpretation jeden Spielraum lassen. Dieser Rezensent etwa möchte sie für die Literatur des ›totalen Ideologieverdachts‹ (Hans Mayer) reklamieren, doch läßt er schließlich auch diese Schublade geschlossen.

Die Wirkung solcher Schöpfungen läßt sich nicht vorhersagen. Obwohl einige seiner Bücher, besonders die *Erdachten Briefe*, stark gelesen werden, war Ernst Wilhelm Eschmann bisher eine eher geheime Figur in unserem literarischen Leben. (Was gegen unser literarisches Leben spricht – in Italien beispielsweise stände ein Lyriker dieses Ranges ganz selbstverständlich neben Montale, Sinisgalli, Sereni.) Wer mit Eschmann in persönliche Beziehung trat, hat die faszinierende, viele geistige Schichten berührende Wirkung dieses Mannes gespürt. Es ist nicht verwunderlich, daß Eschmann zu den Anregern neuester und diffizilster psycho-soziologischer Studien, wie etwa Wolf Lepenies' *Melancholie und Gesellschaft* gehört.

Mit seinen Gedichten hat er einer ungewöhnlichen Annäherung an das, was sich im Ding und im Denken verbirgt, durchsichtige und leuchtende Gestalt gegeben.

Alles Gedächtnis der Welt
Alain Resnais und Marguerite Duras,
›Hiroshima mon amour‹

Die Frau, eine französische Schauspielerin, die in Hiroshima
an einem Antikriegsfilm mitgewirkt hat – die Dreharbeiten
sind soeben beendet, und sie soll in 36 Stunden nach Paris zu-
rückfliegen –, tritt auf die Terrasse vor ihrem Hotelzimmer,
blickt über die Stadt, dann wendet sie sich wieder um, geht ins
Zimmer zurück, betrachtet den schlafenden Mann, ihr Blick
bleibt an seiner Hand hängen; die Art, wie sie gekrümmt ist,
erinnert sie für Sekunden an eine andere Hand, die nicht im
Glück, sondern im Sterben genauso gekrümmt war, und damit
beginnt für sie der Prozeß des Heraufholens von Erinnerungen, den übrigens gerade dieser Mann, der dort schläft, provoziert hat, als er ihr sagte: »Du hast nichts gesehen!« Nichts
von Hiroshima nämlich, nichts vom Inbegriff des endzeitlichen
Schauers, der einen historischen Augenblick lang diese Stadt
umwehte und der nun für die Fremde zum Museum erstarrt
ist, wie alles, was die Menschen vergessen und deshalb fixieren
wollen. Er aber ist Japaner, ein japanischer Architekt – zusammen mit der fremden Schauspielerin ist er vom coup de
foudre der Liebe geschlagen –, und deshalb kann er, auch
wenn er selbst sich nicht mehr erinnert, wenigstens sagen:
»Du hast nichts gesehen!« Noch weiß er nicht, daß es gerade
der Ausbruch seines und ihres Gefühls sein wird, der die Frau
in die Erinnerung zwingen wird, in die Raserei des Sich-Erinnerns an jene Liebe, mit der ihre Geschichte als Frau beginnt, fünfzehn Jahre früher, in der französischen Provinz, in
einer Stadt namens Nevers, in den Tagen der Libération, die
für sie den Schock bringen, das Trauma, den seelischen Tod,
in denen man ihren jungen Geliebten erschießt, einen deutschen Soldaten, und ihr die Haare abschneidet, so daß sie Wochen in einem Keller, in einem dunklen Zimmer verbringen
muß, bis sie schließlich wieder beginnt, die Außenwelt wahr-
zunehmen, bis sie beginnt, zu vergessen. Und die Erinnerung,

die nun in ihr wiederkehrt, wird eine doppelte sein: Erinnerung an ein Gefühl und Erinnerung an ein Vergessen. Denn man vergißt. Die Frau hat sich eingerichtet im Leben, sie hat geheiratet, sie hat Kinder, sie hat eine Karriere als Schauspielerin, sie hat noch ein paarmal geliebt, und jetzt also liebt sie wieder, so heftig, daß die Erinnerung an Nevers und an ihr Vergessen von Nevers zurückkommt, und deshalb wehrt sie sich gegen den Anspruch dieses japanischen Mannes, die Rücksichtslosigkeit, mit der er sie halten möchte, halten für kurze Frist, denn auch er ist verheiratet, aber rücksichtslos treibt er sie in die volle Intensität des Gefühls, in den einzigen Zustand des Menschen, in dem die Erinnerung nicht mehr totes Gedächtnis ist, sondern zur Realität wird, das Entsetzen wiederkehrt: Hiroshima und Nevers.

Man weiß, daß diese Geschichte eines seelischen Vorgangs die Handlung des Films *Hiroshima mon amour* bildet. Jede Analyse des Films muß diesen Vorgang sorgfältig aufzeichnen, um zu Schlüssen zu kommen. Betrachtet man nämlich den Film als eine Liebesgeschichte, die auf den Hintergrund der zeitgeschichtlichen Situation verspannt wurde, auf das, was man ›die Lage‹ nennt, so verfehlt man ihn. Man kann auch nicht einen Schritt weitergehen und annehmen, der Film wolle, mit einer Liebesgeschichte als Vehikel, eine Parabel der ewigen Tragik des Menschen schreiben – was er übrigens tut, wenn auch nur nebenbei –, des tragischen Untergangs von privatem Glück in öffentlichem Grauen also. Würde man auf solchen Überlegungen beharren, so käme man unweigerlich zu einem Verdikt des Films, zu dem Spruch, er bewege sich im Inkommensurablen und seine Formel sei am Ende eine hochgeschraubte und gerade deshalb besonders peinliche Geschmacklosigkeit. Denn die Konfrontation einer Liebesgeschichte mit dem Phänomen Hiroshima ist ein aussichtsloses Unterfangen; vor dem Wort ›Hiroshima‹ allein verblaßt die Begegnung jedes Mannes mit jeder Frau zunächst einmal zur belanglosen Affäre. Mit den Gaskammern und der Atombombe sind archimedische Punkte im Nachdenken der Menschheit gebildet worden, Punkte, von denen aus sich eine Drehung seines Bewußtseins vollziehen wird, wenn nicht um 180

Grad, so doch um einen Winkel, der ausreichen muß, eine Wendung zu machen, die mit der Notwendigkeit identisch ist. Die Größe des Films *Hiroshima mon amour* besteht darin, daß er gänzlich von diesem Bewußtsein eines absoluten Wendepunkts erfüllt ist. Seine Schöpfer, Alain Resnais und Marguerite Duras, haben weder ein Liebesgedicht mit Zeitkulissen geschrieben und fotografiert, noch haben sie ein Dokument der ›Lage‹ gegeben, sondern sie haben eine Studie über das Problem des Vergessens geschaffen. Ihr Film ist eine hartnäckige Paraphrase über das Thema des Gedächtnisses des Menschen wie der Menschheit. Dies ist es, was dem Film seine eigentümliche Würde verleiht, seinen fast heiteren Ernst, und was ihm schließlich seine Form aufzwingt, mit der er zu einem so außerordentlichen Ereignis in der Geschichte des Films – und nicht nur in der Geschichte dieser Kunst allein – geworden ist. Zugleich liegt darin begründet, in welcher Weise er sich selbst gefährdet.

Marguerite Duras teilt über die Entstehungsgeschichte des Films mit: »Der Film wurde von den Japanern vorgeschlagen. Alles, was sie näher festlegten, war, daß eine Episode in Frankreich und eine in Japan spielen sollte... Resnais und ich stimmten darin überein, daß wir uns keinen Film über Japan vorstellen konnten, der sich nicht mit Hiroshima befaßte, und wir fühlten auch, daß alles, was man tun konnte, um den Schrecken von Hiroshima durch den Schrecken selbst zu zeigen, von den Japanern selbst in *Die Kinder von Hiroshima* getan – und gut getan – worden war. So versuchte ich etwas anderes. Ich hatte neun Wochen Zeit, um das Manuskript zu schreiben. Alles, was Resnais sagte, war: ›Schreibe Literatur; schreibe, als ob du einen Roman schriebest. Kümmere dich nicht um mich; vergiß die Kamera!‹ Seine Idee war, mein Szenario zu filmen, wie ein Komponist ein Stück in Musik setzt – wie es Debussy mit Maeterlincks *Pelleas und Melisande* getan hat.« (*Conversation with Marguerite Duras* by Richard Roud. *Sight and Sound*, Vol. 29, No. 1.) Eine derartige Aufforderung ist übrigens nicht ganz so neuartig, wie es scheint; sie wird bereits seit Jahren im Gespräch zwischen Regisseuren und Autoren geäußert und gehört zu den Standardformeln jedes einigermaßen fortgeschrittenen Produzenten. Neu war nur, daß Resnais tatsächlich meinte, was er sagte. Die Autorin machte von der ihr erteilten Lizenz Gebrauch, indem sie einen Text schrieb, der aus zwei Monologen besteht, die an einigen Stellen in einen Dialog übergehen. Und wirklich hat Resnais nicht mehr, freilich auch nicht weniger getan, als diesen Text »in Bilder gesetzt«. Zu Duras' Text ist, vom Gesichtspunkt der Literatur aus, zu sagen, daß er ein Musterbeispiel jenes französischen Stils ist, in dem Psychologie und Lyrik mit dem Rhetorischen unauflöslich zusammengebunden werden. Man weiß bei diesem Stil nie genau, ob das Rhetorische die Metapher gebiert oder die Metapher die Rede. Die psychologische Einsicht gewinnt dadurch an Glanz, was sie an Härte verliert. Es mangelt Marguerite Duras nicht an Genauigkeit des Denkens. Dennoch vermag der rhetorische Stil, wie wir ihn ja von Giraudoux und Sartre her kennen, das in diesem Film aufgeworfene Problem keiner Lösung zuzuführen. (Gemeint ist hier nicht eine Lösung in Form einer ›Antwort‹, sondern in Form einer entweder dramaturgischen oder aber rein sprachlichen Phänomenologie. Man hätte sich beispielsweise eine langsame Veränderung der Textstruktur von der Information zu ganz unpathetischen Litaneien à la Gertrude Stein vorstellen können. Statt dessen gerät er stellenweise zur lyrischen Emphase, in der die Konturen der Aufgabe verschwimmen.) Die Rhetorik der psychologischen Analyse löst aber nicht nur nichts, im letzten Drittel des Films steigert sie auch nicht mehr, so daß der Film von da an ständig zu versanden drohte, risse ihn nicht Resnais' optische Kunst in Szenen, vor denen alle Zweifel verstummen. Die rhythmische Genauigkeit des Gangs der Heldin auf der Hoteltreppe, in dem sich das dreimalige ›Hiroshima‹ des Schauspielers Okada vorbereitet – ein einziges Mal befreit sich der Text hier in eine Ahnung von Responsorien –, ist eine reinere Antwort, als das »Je t'oublierai, je t'oublie déjà…«, mit dem die Attitude einer lächelnden Hoffnungslosigkeit die Möglichkeit vortäuscht, man könne dem Vergessen seinen Schrecken nehmen.

Bildet der Text auch die schwächste Seite des Werks, so ist er dennoch stark genug, es nicht zu gefährden. Die Gefährdung kommt von einem ganz anderen Punkt her, aus Resnais' innerster Absicht nämlich, wie er sie selbst so formuliert: »Eines hatten wir von vornherein beschlossen: den Versuch eines Films zu wagen, in dem die Figuren nicht direkt an der tragischen Handlung teilnehmen, sondern sich ihrer nur erinnern, oder sie mitempfinden...« (Zitiert nach H. D. Roos in der Süddeutschen Zeitung vom 22. 4. 1960.) Der Kritiker, der dies notiert, schließt daraus, dies sei der innere Monolog, auf den Film übertragen. Davon kann nicht die Rede sein. Der innere Monolog, in der Bedeutung, die Joyce ihm gegeben hat, ist unmittelbare Handlung, die unmittelbarste, die überhaupt denkbar ist. Was Resnais beabsichtigte – und was Marguerite Duras in ihrer Interviewbemerkung mit dem lapidaren »Joyce, not at all« bestätigt –, war nicht ein Film des inneren Monologs, sondern ein Film der erinnernden Reflexion. Ein nicht handelnder, nicht immediate Handlung vortragender oder sie spiegelnder, sondern ein nur über Handlung berichtender, Handlung analysierender und reflektierender Film also, das ist allerdings etwas prinzipiell Neues, zumindest im künstlerischen Métier des Films. Zusammen mit dem oben erwähnten Bewußtsein von einem absoluten geistesgeschichtlichen Wendepunkt, von dem der Film erfüllt ist, macht die auf Reflexion abzielende visuelle Form seine ganze Bedeutung aus. Man darf solches Reflektieren weder mit dem inneren Monolog verwechseln noch mit der Technik des epischen Erzählens einer Handlung, die dann optisch gezeigt wird. Auch der Verfremdungseffekt von Brechts epischem Theater ist damit nicht gemeint. In *Hiroshima mon amour* wird vielmehr etwas versucht, das schier unmöglich erscheint: die reflektierende Analyse eines Geschehens in eine originale Schöpfung zu überführen, Handlung und Deutung in eins zu setzen. Eine solche Absicht ist der verwegenste aller intellektuellen Träume, und deshalb ist *Hiroshima mon amour* vor allem anderen ein intellektueller Film. Um ihn gelingen zu lassen, mußte Resnais zuallererst das Problem der Schauspieler lösen, was ihm in der Wahl und Führung der bewundernswert intelligenten Emmanuèle Riva glückte.

Es ist schwer zu sagen, ob eine letzte Kühle, die über dem Film liegt, eine den Betrachter für Momente anfallende Langeweile, eine unmerkliche Distanziertheit der Form von dem Stoff, den sie ergriffen hat, die Folge des Gesetzes ist, nach dem er angetreten, des Gesetzes der Reflexion, oder aber des Umstandes, daß Resnais diesem Gesetz nicht in voller Strenge, mit der unerbittlichen Schärfe und Konsequenz des Denkens gefolgt ist. Zweifellos liegt in der weiblichen Emphase von Duras' Text eine gewisse Unschärfe, aber mehr noch als leise Gebrechen des Drehbuchs muß dafür, daß uns der Film manchmal aus seiner Zange läßt, der Regisseur verantwortlich gemacht werden, der die Folgen seiner Intention nicht gänzlich zu Ende gedacht hat, sondern an anderer Stelle plötzlich erklärt: »Ich wollte einen Film für Frauen machen.« Und sogar: »Ich wollte dem Film einen › grand-opéra ‹-Stil geben« (*Sight and Sound*, Vol. 29, No. 1). Man steht da vor einem Rätsel, für das uns Louis Marcourelles, einer der besten französischen Kritiker, ein genauer Kenner und Freund von Alain Resnais, einen Schlüssel in die Hand gibt, wenn er schreibt: »Sicherlich ist Resnais eines der bemerkenswertesten Talente heute, ein Regisseur, der sich dem Film mit der Intensität eines Dichters und Malers widmet und der über das ganze geistige Arsenal verfügt, das dem modernen französischen Künstler zu Diensten steht. Aber gleichzeitig finde ich in seinem Werk eine Art ungelösten Widerspruchs zwischen härtester ästhetischer Disziplin und einer eher verspielten intellektuellen Weichheit« (*Rebel with a camera* by Louis Marcourelles, Sight and Sound, Vol. 29, No. 1).

Mag Resnais die letzten Konsequenzen des reflektorischen Prinzips nicht gezogen haben, so hat er mit *Hiroshima mon amour* doch die Bedeutung der Reflexion und ihre künstlerische Möglichkeit für den Film erkannt. Und die › härteste ästhetische Disziplin ‹ gleicht mehr als aus, was die – übrigens sehr sympathische, weil humane – Weichheit vielleicht verfehlt. Sicher erkannt ist jedenfalls – wie die Aufnahme des unendlich gewagten Werkes beim Publikum wie bei der Kritik beweist –, daß der phänomenale Komplex des technisierten Grauens sich nicht mehr in direkte Handlung umsetzen kann. Das Zeitbewußtsein ist des naiven Zeitstücks müde, es fordert die Reflexion, es wünscht, daß der denkende Künstler ihm das

Unfaßbare ins Bewußtsein hebe. Unmittelbar neben der Illu-strierten-›Kultur‹ steht eine breite Disponiertheit des Publi-kums für eine genau denkende, von klarer Intellektualität ge-leitete Kunst. Natürlich muß sie Kunst bleiben, Bildsprache, musikalische Phantasie, Formkristall in einer metaphysischen Sphäre, die zugleich Abgrund ist und Spielraum. Resnais' Form hat die sonst eher unterkühlte filmische Fachkritik zu Schreien der Bewunderung hingerissen. Wie jeder große Re-gisseur sich sein spezifisches technisches Instrument ausbildet, Fellini etwa die dynamische, Bresson die statische Kamera, so hat auch Resnais in der Montage das Mittel seines Stils als Spe-zifikum gezüchtet. Diese Montage ist alles andere als der be-kannte Wechsel von Direkterzählung und Rückblende, son-dern eine vollkommene Durchdringung von drei Zeit- und Raumebenen (Hiroshima, Nevers, die neue Liebesbegegnung) in einer synchronen Textur, die allerdings vom Beschauer höchste Konzentration fordert. Denn obwohl Resnais zwei Ka-meramänner vollkommen getrennt voneinander arbeiten ließ, Michio Takahashi in Hiroshima (vorzugsweise Weitwinkel) und Sacha Vierny in Nevers (lange Brennweite), so hat er die simultanen optischen Vorgänge dennoch in eine Gleichung gebracht. Enno Patalas, in dem Deutschland endlich einen Filmkritiker von internationalem Rang besitzt, gibt die Formel dieser Gleichung, wenn er bemerkt, Resnais zeige in den Din-gen, die er fotografieren läßt, und in der Art, wie er sie mon-tiert, » eigentlich nur das irritierte Bewußtsein der Heldin, das sich an ihnen bricht « (*Film-Kritik* 4/60).

Alain Resnais, 1922 geboren, hat sich auf *Hiroshima mon amour* lange und sorgfältig vorbereitet. Er hat von Beginn an jegliche Zusammenarbeit mit der Industrie abgelehnt; er ge-hört zu jener Gruppe von Regisseuren, die ihre Ausbildung auf Filminstituten und Filmmuseen, insbesondere dem Pariser Institut des Hautes Etudes Cinématographiques gesucht haben. 1946 richtete ihm seine Familie ein eigenes kleines Studio auf dem linken Seineufer ein. Dort begann er mit der Reihe seiner Kurzfilme, für die Bezeichnungen wie ›Kulturfilme‹ oder ›Dokumentarfilme‹ einfach falsch wären. Es sind vielmehr filmische Studien über eine mögliche Verschmelzung von

Fotografie und Dichtung, Film und Literatur. In dieser Absicht entstanden *Guernica* (mit dem Text von Eluards Gedicht), *Les Statues Meurent Aussi* (mit einem Text von Chris Marker), ein Film über den Untergang der Negerkunst bei ihrer Berührung mit der weißen Zivilisation und, der in Deutschland bekannteste seiner Filme, *Nuit et Brouillard* (mit einem Text von Jean Cayrol) sowie einige andere, zu denen Raymond Queneau und Nicole Vèdrés Texte lieferten. Man sieht, daß dieser Filmregisseur eine enge und glückliche Liaison mit der Literatur unterhält. Übrigens definiert er auch *Hiroshima mon amour* nur als ›langen Kurzfilm‹, womit er klar zu verstehen gibt, daß er auch mit diesem Werk die bisher von ihm gesuchte Synthese aus Dokument und dichterischer Analyse noch nicht überschritten, daß er den letzten Schritt zum eigentlichen Bilddrama nicht getan hat.

Innerhalb seiner literarischen Besessenheit spielt das Thema des Gedächtnisses und seine dialektische Aufspaltung in Erinnern und Vergessen die Rolle eines Leitmotivs. In *Les Statues Meurent Aussi* und in *Nuit et Brouillard* wird es angeschlagen, in *Guernica* zentral angelegt, in dem Film über die Pariser Nationalbibliothek kristallisiert es sich in dem Titel aus: *Toute la mémoire du Monde*. In *Hiroshima mon amour* läßt er das Denken der Heldin manisch um dieses eine und einzige Thema kreisen. Aber während die Frau an der Aufgabe, das Rätsel des Vergessens zu lösen, verzweifelt, hat die Kamera von Alain Resnais schon längst die Lösung gefunden. Sie verbarg sich in der fast schon banalen Wahrheit, daß der Prozeß des Vergessens einzig in der Kunst zum Stillstand gebracht wird. Es ist möglich, daß die Menschen eines Tages Hiroshima, sogar Hiroshima, vergessen werden, wie sie die Katalaunischen Felder und den Albigenser-Krieg vergessen haben. Das Gedächtnis der Welt besteht aus ein paar Bildern, Statuen, Klängen, Gedichten, epischen Passagen, in denen das Leiden zur Form gerinnt.

Ästhetische Denkobjekte
Max Bense

Es ist nicht leicht, die freien Texte eines Schriftstellers zu beurteilen, dessen Werk sich in theoretisch-wissenschaftliche und
in frei-literarische Arbeiten gliedert. Wenn ein theoretischer
Autor so vorzüglich zu schreiben versteht, daß der Inhalt seiner Theorie sich dem Leser als Kunst anbietet, so kommt man
mit den üblichen Kriterien aus. Man kann dann über Freud
als Schriftsteller schreiben, wie Walter Muschg dies getan hat.
Nietzsche – wenn man von den Gedichten absieht –, Ranke,
Kierkegaard, Freud, Benjamin, Adorno und Bloch sind Autoren, bei denen die Form dem wissenschaftlichen Inhalt imma-
nent bleibt. Hingegen setzt Sartre sein philosophisches Werk
von seinem prosaischen und dramatischen formal scharf ab; er
hat sich entschlossen, die Erscheinungsweisen einer einzigarti-
gen Doppelbegabung, wie sie nicht einmal in Schiller ihre Parallele findet, streng voneinander zu trennen. Das hat zur Folge,
daß man den Roman *Der Ekel* lesen und verstehen kann, ohne
die Philosophie von *Das Sein und das Nichts* kennen zu müssen.

Kann man Max Benses *Bestandteile des Vorüber*, seinen *Ent-
wurf einer Rheinlandschaft* oder die zuletzt erschienenen *Präzisen Vergnügen* zur Hand nehmen, ohne seine *Theorie der
Texte* begriffen zu haben? Ich möchte die Antwort auf diese
Frage vorwegnehmen, indem ich sie bejahe. Es kommt auf den
Grad von Vorurteilslosigkeit an, mit dem man imstande ist,
sich einer so von Vorurteilen umwölkten Gestalt wie Bense zu
nähern. Diese Vorurteile betreffen nicht Bense allein, sondern
eine ganze literarische Bewegung, bei der es sich, streng genommen, nicht um eine literarische, sondern um eine Bewegung der Sprache und der Grammatik handelt. Aber wenn ich
behauptete, daß man den Text *Strasbourg* in *Die präzisen Vergnügen* vollkommen genießen kann, auch wenn man gar
nichts von Bense und der Bewegung, deren Schild er ist, weiß,
so meine ich doch, daß jeder aufmerksame Leser dieser Dinge
eines Tages den Wunsch verspüren wird, nach den wissen-

schaftlichen Schriften ihres Verfassers zu greifen. Der von der Lektüre geweckte Instinkt, den er für reine Neugier hält, berät ihn dabei richtig, denn die freien Texte Benses sind aus seinen gebundenen hervorgegangen. Wenn man das Erscheinungsjahr von *Bestandteile des Vorüber*, 1961, als Wegmarke ansieht, so hat Bense von ihr aus Gänge in ein unberechnetes Gravitationsfeld angetreten. Gerade dieses › Hervorgehen ‹ aus dem Berechenbaren ins Unberechnete, das dem literarischen Werk den Charakter einer Fortsetzung, eines Wachstums oder eines Prozesses verleiht, bildet seine Eigenart, unterscheidet es vom System der parallelen getrennten Engführung bei Sartre oder vom Prinzip der Formimmanenz bei Adorno und anderen. Dementsprechend bildet die Verwandtschaft mit der philosophischen Sprache Benses das erste Kennzeichen seines poetischen Ausdrucks. Ein Satz wie » Oft kann man sein aber nicht leben « aus *Die präzisen Vergnügen* hat seinen Vorgänger in dem um ein Jahrzehnt älteren Satz »Jedes Entkommen bezieht sich auf Destruktion« aus *Descartes und die Folgen*. Das Beispiel, das ganz willkürlich aus infinitesimalen Vergleichsmöglichkeiten herausgegriffen wurde, zeigt, daß beide Sätze auf die gleiche Tonart gestimmt sind. Beide Sätze sind zugleich leicht und schwierig (auch wenn man sie im Kontext liest). In beiden Sätzen werden komplizierte Befunde mitgeteilt, die in der Folge der Aufklärung unterzogen werden, die meistens wieder in einer Komplikation endet. Soviel ist sicher, daß es Bense nicht auf eine Dialektik des Fragens ankommt, die aus sich heraus Antworten produziert, sondern auf eine Rationalität des Zweifels als eines Geräts für Messungen im Unbekannten. Der Stil Benses – ich meine nicht den Inhalt seines Denkens, sondern die Gestalt seiner Sätze – ist der Stil nicht des Fragens, sondern des In-Frage-Stellens. Rationalismus im 20. Jahrhundert – das bedeutet ein eigentümliches Nebeneinander von Licht und Dunkelheit. Die Helligkeit umspült finstere Komplexe. Nur die Ideologen der Weltanschauungen wissen ja heute Antworten auf alle Fragen. Nur bei ihnen herrscht eine gleichmäßig helle und flache Beleuchtung.

Wenn Rationalismus und Sensibilität als allgemeine Merkmale von Benses Sprache verhältnismäßig leicht zu bestimmen sind, so sind die speziellen Eigenschaften seiner freien Texte um so schwieriger zu definieren. Für die Schwierigkeit gibt es einen konkreten Grund: es fehlt für die von Bense vorgelegten Textformen eine verbindliche Nomenklatur. Wenn sich eine Wortfolge ohne weiteres als erzählende oder beschreibende Prosa, als Gedanken- oder Naturlyrik, als dramatische Sequenz oder als Filmentwurf zu erkennen gibt, so liegt, zusammen mit diesen Namen, eine für sie passende Terminologie der Kriterien bereit. (Ich sehe einmal davon ab, daß heute sowohl diese alten Namen wie ihre Kriterien diffus geworden sind.) Welche Namen könnte man Benses Gebilden geben? Er selbst nennt *Die präzisen Vergnügen* im Untertitel *Versuche und Modelle*. Solche Wörter sind mit einer viel zu reichen Bedeutung beladen, als daß sie zu Gattungsbegriffen werden könnten. Die Untertitel der vier Abschnitte, in die Bense das Buch gegliedert hat, lauten: Textschliffe, Kontextklasse, Textmodelle, Konnexe. »Es handelt sich um Texte künstlicher Poesie«, schreibt Bense, »sofern das Wenigste an ihnen intuitiver Herkunft ist, das Wesentlichste vielmehr sehr bewußt programmiert und in endlich vielen Schritten des Schreibens hergestellt wurde.« (Ich zitiere hier den Waschzetteltext, der, wenn er nicht von Bense selbst stammt, sicherlich von ihm autorisiert ist.) Für den Bense-Kenner ist der Ausdruck ›künstliche Poesie‹ ein alarmierender Hinweis auf die *Theorie der Texte*, in der künstliche Poesie explizit als maschinell hervorgebrachte definiert worden ist. Auch die erwähnten Untertitel verweisen auf das Kapitel *Über natürliche und künstliche Poesie* in diesem Werk. Ich halte die Seiten 143–147 der *Theorie der Texte* für das bedeutendste Dokument einer literarischen Innovation seit André Bretons Begründung der automatischen Schreibweise.

Wurden also *Die präzisen Vergnügen* maschinell hergestellt? Und wenn ja, in welcher Weise? Bekanntlich hat Bense, in Verbindung mit Theo Lutz, den ersten Versuch unternommen, mit Hilfe einer kybernetischen Maschine einen freien Text zu konstruieren. Zu diesem Zweck ›fütterte‹ er eine elektronische Rechenanlage mit je 16 Hauptwörtern und Adjektiven, die er aus Kafkas *Schloß* ausgewählt hatte, sowie mit einigen Konjunktionen, Artikeln und mit der Verbalform ›ist‹.

Die Maschine lieferte einen gedichtartigen Text von 39 Zeilen. (Der Versuch löste in Deutschland nur ein Gelächter aus, das sich erst legte, als *Times Literary Supplement* der Besprechung des Vorgangs und der durch ihn aufgeworfenen Probleme eine ganze Seite widmete *, und als man hörte, daß Balestrini in Mailand mit voller Unterstützung der Forschungs- und Rechenzentren Olivetti und IBM ähnliche Versuche systematisch ausführte **.) Es ist bedauerlich, daß Bense über den Herstellungsprozeß der *Präzisen Vergnügen* keine präzisen Angaben macht. Man wüßte ja doch sehr gerne, ob es sich bei einer Wortfolge wie »am Schilfufer ein langsamer September der aus grünen Augen in meine Wörter fällt sie aufscheucht und in schwarzem Haar davonjagt« – ob es sich dabei um präparierte Poesie materialen Ursprungs, um eine Zitatmontage oder eben doch um eine Äußerung des lyrischen Ichs handelt.

Dem unbefangenen Leser rate ich, die Lektüre ohne alle Vorbehalte zu beginnen, ohne die bekannten Vorurteile gegen Bense und den ›Avantgardismus‹, ohne sich durch die Spärlichkeit von Benses Hinweisen mystifiziert zu fühlen, und natürlich ohne Rücksicht auf Lesegewohnheiten, die wir alle angenommen haben (und die übrigens nicht so wertlos sind, wie ein Bewußtsein von falscher Radikalität sie denunzieren möchte). Er wird dann immer wieder auf Texte von eigentümlicher Schönheit stoßen, die unsere literarischen Erfahrungen bereichern. Sehr bald wird er dahin kommen, sich von einer Neuheit nicht mehr provoziert zu fühlen, sondern nach ihrer Motivation zu fragen. Die Qualität von Benses Sprache drückt sich darin aus, daß man dem Abbruch eines Satzes in einer Konjunktion unwillkürlich nachlauscht. Der Satz verhallt. Übrigens beziehen sich die meisten Neuerungen Benses auf die Syntax. Eigentliche Deformationen, wie wir sie bei Heißenbüttel, Helms, Kriwet, Harig, Jürgen Becker, neuerdings auch bei Arno Schmidt finden – um nur die bekanntesten Vertreter der neuen Stilbewegung zu nennen –, nimmt Bense nicht vor, wenigstens nicht bis jetzt. In seiner ästhetischen Theorie ist

* *Poetry, Prose and the Machine*, TLS, May 4, 1962.
** *Le applicazioni dei calcolatori elettronici alle scienze morali e alla letteratura*, Almanacco Letterario Bompiani, 1962.

Bense weit radikaler als in seinen literarischen Texten. Sie drücken vor allem Ambivalenz aus. Sie sind zugleich feststellend und reflektierend, philosophisch und poetisch, und, was Bense immer sagen mag, zugleich natürlich und künstlich. Sie sind Mischtexte. Daher stimulieren sie sowohl das Denken wie die Organe der ästhetischen Wahrnehmung. Es ist wahrscheinlich sinnlos, zu prüfen, ob die Gesamtheit von Benses literarischen Arbeiten sich aus einem intentionalen oder einem materialen Anfang des Wortprozesses herleitet. In der Form, in der sie existieren, können sie nur von Max Bense geschrieben worden sein. Glücklicherweise läßt Bense, im Rahmen seiner Theorie, die Frage nach dem literarischen Wert solcher Gebilde zu. In einer Besprechung des *movens*-Bandes hat er einmal » das Zurückbleiben der ästhetischen Qualität der experimentellen Literatur hinter den heutigen subtilen Möglichkeiten « bedauert. Eben diese Möglichkeiten werden von ihm selbst genutzt. So entstehen diese Zeichenanordnungen von reicher Bedeutungsfülle. » Kein Fluß der Sätze mehr, nur trockenes Gestein der Wörter, die das Bewußtsein abschleifen und auf dem weißen Weg der Hitze sonderbare Dinge zurücklassen.« Etwas vom Reichtum, der Freude und der Leidensfähigkeit des Menschen Bense teilt sich in diesen festen und zarten Konstruktionen mit. » Immer eine sichtbare Wirklichkeit an der Spitze der Feder an Wörter nicht an Dinge denken.«

Die literarische, nein, die Sprachbewegung, deren entscheidendes Problem in diesem Satz präzise formuliert wurde, mag ihn noch eine Weile umgeben. Sie existiert, weil der Bruch zwischen der Wirklichkeit des 20. Jahrhunderts und den Möglichkeiten, sie sprachlich auszudrücken, trotz Joyce so tief ist wie vor ihm. So hat sie diese Wirklichkeit an die Spitze der Feder zu nehmen und dabei an Wörter zu denken, weil nur das an die Spitze der Feder genommene Wort es vor der Ideologie rettet, die im Besitz der Dinge ist. Statt essen sieht man einige ihrer Vertreter damit beschäftigt, ihr Tun mit einer Art von Kunstautonomie zu begründen. Mancher, der einen hübschen visuellen Text gebastelt hat, fühlt sich gleich als sein eigener kleiner Mallarmé (Nichts gegen visuelle Texte – es gibt sehr schöne!) Was will man denn eines Tages gewesen sein? Eine Stilepisode?

Ein Humanist aus Jämtland
Per Olof Sundman

Der Schwede Per Olof Sundman, geboren 1922, hat seit dem Jahre 1957 acht Romane und Erzählungsbände erscheinen lassen, von denen bisher der vierte (*Die Expedition*, 1962) und der sechste (*Zwei Tage, zwei Nächte*, 1965) in deutscher Sprache herausgekommen sind. Das Auftauchen Sundmans ist ein literarisches Weltereignis, weil in seinen Büchern kritische, ja revolutionäre Analyse eine absolute und originale Form annimmt. Form, das heißt: eine metaphysische Wirklichkeit, die dem kritischen Inhalt eine Dimension gibt, wie sie Kritik allein nicht aufbrächte. Die Gestalten und Ereignisse bleiben Geheimnis, obwohl ein Bewußtsein aus Aufklärung und Aufruhr mit ihnen, gegen sie arbeitet; oder umgekehrt: Obwohl die Gestalten und Ereignisse aufgeklärt werden, bleibt das Ganze der Erzählung, das sie umhüllt, ein Geheimnis.

Die Texte Sundmans sind in kurze Absätze, die manchmal aus nur einem Satz bestehen, gegliedert, so daß sich das Schriftbild einer Langzeilen-Ballade ergibt. Jedoch handelt es sich nicht um Lyrik, auch nicht um eine lyrisch-epische Mischform, sondern um Prosa von federnder, geschmeidiger Härte. Die kurze Mitteilung überwiegt; ja man kann sagen, daß sich der Text so gut wie gänzlich aus der lapidaren Mitteilung von Fakten zusammensetzt; von ›Beschreibungsprosa‹ kann jedoch keine Rede sein – jedes Detail bezieht sich auf den Fortgang oder die Analyse von Handlung, transportiert infolgedessen Spannung. Die pseudorevolutionäre Theorie vom ›Ende des Erzählens‹, eine Ideologie literarischer Kleinbürger, wird außer Kurs gesetzt von einer Schreibweise, welche beispielsweise die exakte Darstellung eines Zeltbodens in die Untersuchung der Situation von Männern, welche sich auf ihm bewegen, vollkommen integriert.

Für *Die Expedition* (deutsch 1965 im Benziger Verlag) hat Sundman die Vorgänge von Stanleys Unternehmen zur Rettung Emin Paschas (1887–1889) als Vorlage benützt. Obwohl

Sundman mit Recht erklärt, sein Buch handle nicht von Stanleys Reise, lohnt es sich doch, sich der authentischen Vorgänge zu erinnern, weil die Feststellung, welche Elemente des Stanley-Berichts er verwendet hat und welche nicht, gewisse Aufschlüsse über seine Absichten zuläßt. So sind die geographischen Grundlagen beibehalten: die Zusammenstellung der Expedition auf Sansibar (bei Sundman *Bari*), die Schiffsreise zur Kongo-Mündung und auf dem Kongo ins Innere (anstatt den viel leichteren Weg über Mombasa-Kenia zu nehmen), der berühmte 160-Tage-Marsch durch die Urwälder der Äquatorial-Schwelle, bei dem Stanley von 646 Männern 400 verlor. Hingegen hat Sundman auf die Tippu-Tib-Geschichte, die Erzählung vom Bündnis Stanleys mit dem verräterischen Haupt der Kongo-Araber, also auf ein besonders abenteuerliches und farbiges Motiv, das zu Ende des 19. Jahrhunderts in aller Munde war, bewußt verzichtet. (Joseph Conrad hätte wahrscheinlich gerade dieses Motiv interessiert!) Auch bricht der Roman ab, ehe die Verbindung Stanleys mit Emin Pascha (im Buch *Kanji Pascha*) zustande kommt.

Sundman hat aus diesem Stoff keinen historischen Roman gemacht, sondern eine dichterische Studie über Wesen und Wirkung der autoritären Persönlichkeit vor einem mythologischen Hintergrund: dem Entdeckungsdrang der weißen Rasse. Man könnte auch sagen, *Die Expedition* sei die erste wirklich gelungene literarische Darstellung des Imperialismus: weil nämlich die Kritik vor der Mythologie nicht kapituliert; gerade weil die reale Existenz der Rassen-Metaphysik nicht geleugnet wird, tritt ihr anti-humaner Charakter besonders deutlich hervor.

In der Gestalt des (Stanley-)Sir John und seiner Umgebung wird das Modell autoritärer Führung und der Mechanismen, die sie auslöst, ebenso deutlich wie diskret beschrieben. Die Größe Sir Johns wird nicht bestritten, auch nicht seine Intelligenz; keineswegs tritt hier eine Figur à la Hitler auf, sondern ein seiner Umgebung überlegener Mann, der es sich leisten kann, maßvoll zu sein, weil er in seinem Vertreter, Leutnant Laronne, den Typ gefunden hat, dem er die Repräsentation der ›notwendigen‹ Grausamkeit überlassen kann; Laronne verfällt widerstandslos dem Prinzip der ›Loyalität‹, mit dem Sir John ihn geschickt ködert; allerdings ist in ihm der dazu nötige Charakter angelegt. Die humanen Gestalten, die Leutnante Hansen und Smitt und der zynische Arzt Dr. Stre, werden, obwohl sie Sir John kritisch, ja aufrührerisch gegenüberstehen, in das Spiel verstrickt, durch Mitschuld an der Unterdrückung ebenso wie durch die Hypnotisiertheit von Sir Johns ›Ziel‹, auch wenn es sich immer deutlicher herausstellt, daß dieses ›Ziel‹, die Befreiung Kanji Paschas, sich ins Wesenlose verliert. Sundman hat die letzte große Afrika-Expedition Stanleys als Vorlage ausgewählt, weil sie die absurde Natur des Imperialismus besonders klar zeigt: Stanley hatte gewisse belgische und britische Interessen zu vertreten und wählte deshalb den mörderischen Umweg über den Kongo; auch war das vorgegebene Ziel, die Befreiung des durch den Mahdisten-Aufstand nicht gefangengesetzten, sondern nur isolierten weißen Gouverneurs der ägyptischen Äquatorialprovinz, Emin Pascha, rein fiktiv; Emin Pascha – ein Deutscher übrigens – hat sich von Stanley nur höchst widerwillig ›befreien‹ lassen. Der historisch-ökonomischen Absurdität gesellt sich die psychische: Durch ein Inferno aus grausigen Menschenopfern geistert am Ende nur noch ein abstrakter ›Wert‹: die ›Seele des Entdeckers‹.

Ihr, die schwer zu kritisieren ist – immerhin hat Stanley auf seinem Zug den Eduard-See, den südwestlichen Golf des Viktoria-Sees, die Pygmäen, die Mondberge und den Ruwenzori entdeckt –, begegnet in der Gestalt des Jaffar Topan das absolut andere: eine seelische Lage, die das ›Faustische‹ nicht kennt. Jaffar Topan ist ein gebildeter Sklave unbekannter, vielleicht indischer Herkunft, dem ein baritischer Fürst den Auftrag gibt, Sir John als Schreiber und Dolmetscher zu begleiten. Die Sicherheit Sundmans mag daran erkannt werden, daß er in dieser Figur allen nur möglichen Klischees aus dem Weg geht; weder stilisiert er ihn zum Inbild asiatisch-afrikanischer Weisheit noch zum edlen Rebellen. Auch Jaffar Topan ist nichts weiter als ein Werkzeug Sir Johns, aber er ›gehört‹ ihm nicht, wie die weißen Offiziere ihm gehören, sondern er lebt in einer anderen Welt, und durch ihn erfährt man, wie die Angehörigen der verschiedenen Völkerstämme, die in den Dienst des ökonomischen und seelischen Imperialismus gepreßt wurden, in einer anderen Welt leben: in jener Welt, die wir heute höchst vorläufig und doch beziehungsreich als ›die dritte Welt‹ bezeichnen.

Der Roman ist meisterhaft komponiert, in zwei alternierenden Ich-Erzählungen, die den Stimmen Leutnant Laronnes und Jaffar Topans anvertraut werden. In höchst kunstvollem Wechsel treiben sie, Schreiten verkörpernd, eine Geschichte von Schritten voran. Die zentrale Gestalt des Sir John erscheint in ihnen nur gespiegelt. Konsequent weicht der Erzähler Sundman allem konventionellen Erzählen aus; die Feindschaft zwischen Leutnant Hansen und Sir John, die Spannungen zwischen den eingeborenen Führern und Leutnant Laronne verführen ihn nicht zum Ausbruch in den dramatisch-psychologischen Roman, allen Ansätzen dazu wird die Spitze abgebrochen, um die Realität der Expedition als Modell repressiver Gewalt ganz rein hervortreten zu lassen. (Immer wieder zwingt die Lektüre zu Vergleichen mit Conrad, auch mit Kipling, an denen die Veränderung der Erzählstruktur von der ersten zur zweiten Hälfte des Jahrhunderts abgelesen werden kann.) Diesem Modell-Charakter haftet jedoch nichts Konstruiertes, ja nicht einmal etwas Konstruktives an, weil Sundman nichts beredet; die Unterhaltungen zwischen Sir John und seinen Offizieren gelten Sachfragen, man spricht über Gewehre, Arzneien, Elfenbein, gelegentlich über den Unterschied zwischen Europäern und Afrikanern; den Rest besorgen die schon erwähnten Fakten, Mitteilungen über die Landschaft, den Weg, das Verhalten der Eingeborenen und schließlich die aufs feinste injizierten Motive der Schuld, die das kolonisatorische Verbrechen entlang seinem Weg zu den Mondbergen (die in diesem Buch nicht erreicht werden!) hinterläßt. Sundman schlägt sie mit der ersten Szene seines Romans an, mit der Geschichte von dem jungen Dieb, dem – man erfährt es niemals – vielleicht beide Hände abgehackt werden; unterirdisch grollt das furchtbare Gerücht durch das ganze Buch und bricht am Ende, als Sir John zwei Deserteure hängen läßt, wieder auf. In beide Taten verwickeln sich gerade die humanen Weißen,

Smitt und Hansen; kalt weist Sir John sie darauf hin, daß sie ihnen hätten widerstehen können, wenn sie es gewollt hätten. Der Widerstand kommt von anderer Seite; auf der letzten Seite des Buches, als Jaffar Topan die Pygmäen rufen läßt und sie mit einem Pfeil antworten, der vor ihm in die Erde fährt. »Ich zog den Pfeil heraus. Er war so lang wie mein Arm, ganz aus Holz gefertigt und lief allmählich in eine nadelscharfe Spitze aus. Er war am hinteren Ende gespalten, und in der Spalte saß ein dürres Blatt.«

Die Expedition ist auch der Roman eines großen kollektiven Vorgangs, in dem Hunderte von Menschen ›mitspielen‹. *Zwei Tage, zwei Nächte* (deutsch 1967 bei Benziger) ist hingegen ein Kammerspiel für drei Personen. Die Geschichte beginnt damit, daß einige Männer, die mit Gewehren ausgerüstet sind, sich in einer winterlichen schwedischen Waldlandschaft zusammenfinden, genauer gesagt in Jämtland (wo Sundman einige Jahre einen Waldbauernhof betrieben hat). Eine Jagdgesellschaft? Sie brechen auf, verteilen sich in Gruppen, eine von ihnen besteht aus dem Lehrer Stensson und dem Ortspolizisten Olofsson. Die beiden gehen lange durch den Wald; ebenso wie *Die Expedition* ist auch *Zwei Tage, zwei Nächte* der Bericht von einer langen Wanderung. Beinahe bis zur Hälfte des Buches erfährt man den Zweck des Marsches nicht, man würde eine Elch- oder Bärenpirsch vermuten, läge nicht von Anfang etwas Unheimliches, Furchterregendes in der Luft. Schließlich stellt sich heraus, daß die Suche einem jugendlichen Mörder gilt. Wieder verwendet Sundman seine Technik der kurzen Absätze, der lapidaren Mitteilungen. Bei der Schilderung des langen Weges handelt es sich nicht um eine überdehnte Exposition, sondern sie ist bereits integraler Bestandteil der Handlung, in der die Charaktere der beiden Haupt-Protagonisten aufgebaut werden. Der Ich-Erzähler, Lehrer Stensson, ist ein Laronne-Typ, sadistisch, hinterhältig, der Polizist Olofsson ist mutig, freundlich, human. Bei einem Erzähler vom Rang Sundmans versteht es sich von selbst, daß keine Schwarz-Weiß-Zeichnung entsteht; unendlich vorsichtig, nur andeutungsweise bildet er die archetypischen Verhaltensweisen. Erst in der Begegnung mit dem Mörder bricht der

Konflikt zwischen der terroristischen Haltung Stenssons und der humanen Natur Olofssons offen aus. Im Inneren einer skandinavischen Jagdhütte ereignet sich, wozu Sundman in *Die Expedition* den Großraum afrikanischer Urwälder gebraucht hat: die Enthüllung des Wesens von Gewalt, Repression, autoritärem Denken. Nur ist Stensson kein Sir John, sondern ein gebrochener Halbintellektueller, faschistoider Schwätzer, dem kein Mythos mehr dient und der auf einen mächtigen Gegenspieler stößt.

Die Aktualität der Bücher Sundmans ist ohne weiteres einzusehen. Keinesfalls handelt es sich bei ihnen, wie einige Kritiker nach dem Erscheinen der *Expedition* vermutet haben, um Abstraktionen im Sinne Kafkas, sondern um genau gemeinte Situationen aus der Problematik heutiger Gesellschaft, leise, unauffällig hervortretend aus der Tradition des sozialen Humanismus der skandinavischen Völker, vor dessen Hintergrund beispielsweise *Zwei Tage, zwei Nächte* spielt.

Aber die Bedeutung dieser Erzählungen liegt natürlich in ihrer Form, vor allem in ihrer Sprache, in der jedes Wort gewogen wird. Wenn zu Beginn gesagt wurde, daß es sich bei der Sprache Sundmans nicht um Lyrik, sondern um Prosa handelt, so waltet in ihr doch die Ökonomie des großen Gedichts. Sie konzentriert aufs äußerste; sparsam, mit feinsten Mitteln das Grundelement jeglichen Erzählens verdichtend: Atmosphäre. In ihr entsteht geheimnisvoll, dichterisch, Spannung, Gespanntheit, psychische Handlung. Sie verwandelt die Modelle in Organismen, in denen alles sich auf alles bezieht: ein Baum auf einen Mord, ein Gespräch auf Schnee.

In einer deutschen Rezension der *Expedition* kann man lesen, es handle sich um » ein interessantes Buch, das durchaus an den Maßstäben der kontinentalen Literatur gemessen werden kann «. Ein kurioser Satz, wert einer eingehenden Analyse des Hochmuts, der in ihm gegenüber der skandinavischen Literatur hervortritt. Soviel kann heute schon gesagt werden: daß es die ›kontinentale‹ Literatur in Kürze gar nicht leicht haben wird, wenn man sie an den Maßstäben mißt, die Sundman setzt.

Zerstückelt und intakt

Aidan Higgins, ›Ein später Sommer‹

Fange ich mit dem Autor an oder mit der Komposition seines Buches? Menschen sind wichtiger als Gegenstände, und der Gegenstand, den dieser Mensch hervorgebracht hat, ist so unübersehbar, daß man unwillkürlich erst einmal von ihm ab- und seinen *auctor* ansieht. Er ist auf dem Schutzumschlag seines Buches zu besichtigen: ein Ire, vierzigjährig. Auf dem Foto sieht er wie ein Dreißigjähriger aus. Ein dunkler Ire, Haare wie eine Kappe, schwarzer Lippen- und Kinnbart, eine große geschwungene Nase, ein spöttischer Mund, spöttische, dunkle, genau beobachtende, sehr große Augen, die Arme sind verschränkt, er trägt einen alten Shetland-Pullover und ein gestreiftes offenes Hemd, auf dem Tisch vor ihm steht eine fast ausgetrunkene Milchflasche. Die ganze Haltung des Mannes ist zugleich lauernd und lässig, die Haltung nicht eines, der weiß, was er will, eher eines Zögernden, aber doch eines, der weiß, was ihm bevorsteht.

In gewisser Weise trägt er ein Generationsgesicht, das Gesicht einer endlich wieder sensiblen und rücksichtslosen Generation, von der man alles erwarten darf. Alles. Vielleicht sogar wieder das Humane. Beckett hat ihn empfohlen, wie uns aufs Brot geschmiert wird, aber das besagt nichts weiter, als daß es für Beckett spricht, dafür, daß er sich keine Epigonen wünscht, denn Aidam Higgins hat wenig, vielleicht nichts von Beckett übernommen. Die Gelegenheit einer Feier für Beckett benützt er dazu, die Exegese anzurempeln: »Into this thin mist of words the most accomplished master of English prose since Joyce is disappearing... A genesis already hopelessly systematized, painful as geometry.« Und wofür bewundert er ihn? »For his imperishable creations – Malone, Molloy, Moran, Krapp, Hamm, Clov, Vladimir, Estragon, Mr. and Mrs. Rooney, others – I salute him respectfully *.« Mit verbissener Wut ruft

---

* In *Beckett at 60*, *A Festschrift*, London 1967.

er ihn gegen die, die aus Beckett einen »Sumpf aus Wörtern, Kälte und Vernunft« machen wollen, zu einem Schöpfer von Gestalten aus.

Aidan Higgins hat als 33jähriger einen Erzählungsband veröffentlicht (*Felo de Se*, deutsch 1962 bei Hanser unter dem guten Titel *Gegenströmung*), sechs Jahre später einen Roman (*Langrishe, Go down!*, deutsch 1967 bei Hanser unter dem nicht so guten Titel *Ein später Sommer*). Die Erzählung *Killachter-Wiese* in ›Gegenströmung‹ ist ein Vor-Entwurf zu dem Roman. Helen Jeanne Kervick, »Jungfrau und potentielle Autorin«, ist die spätere Helen Langrishe, ihre Schwester Emily ist die Imogen Langrishe des Romans. Auch Otto Beck ist schon da, er heißt noch Otto Klaefisch, schreibt wie Beck endlos an seiner Doktorarbeit, nur daß die seine *Das soziale Schicksal in den Novellen Theodor Storms* behandelt, während Beck über *Das Ossianische Problem und die tatsächlichen Volksmythen und Bräuche im Irland des Siebzehnten Jahrhunderts unter besonderer Berücksichtigung des Werkes Goethes und der Gebrüder Grimm: eine soziologisch-philologische Studie* arbeitet; woraus allein schon zu ersehen ist, daß Higgins sich in den Jahren 1960–1966 noch intensiver in die Figur eines ewigen deutschen Studenten eingelebt hat. Denn so lange hat Higgins sich für seinen Roman Zeit genommen; und ohne weiteres darf jenem englischen Kritiker zugestimmt werden, der gemeint hat, schon die ersten Kapitel genügten, um im Leser den Wunsch wachzurufen, daß auch andere Schriftsteller mehrere Jahre an ihren Büchern arbeiten möchten. Zu dem Erzählungsband ist noch zu sagen, daß sich alle darin enthaltenen Geschichten »zugleich intakt und zerstückelt« ausnehmen, wie Higgins von jenem Heringsschwarm sagt, » der im Schleppnetz eingefangen ist und sich frei glaubt, ohne es doch zu sein, immer verstörter wird, je enger er zusammengedrängt wird, um schließlich, völlig rasend, aus der *Gegenströmung* herausgefischt zu werden«. In diesen frühen Erzählungen ist Higgins noch ein großer irischer Metaphern-Fischer. Später, im Roman, verzichtet er fast gänzlich auf Metaphorisches, benennt er nur noch – so direkt, so schnell, so treffend, so überraschend wie möglich. Aber nicht eigentlich diese Direktheit kennzeichnet seine Sprache, sondern die Art, wie er in ihr Dinge, die scheinbar nichts miteinander zu tun haben, nebeneinander stellt. Also zum Beispiel Beobachtungen der Außenwelt ohne Übergang neben Seelisches, oder kurze Handlungssegmente unmittelbar neben ein Zeitfoto. Diese verschiedenen Textpartikel werden im Prozeß ihrer Konfrontation nicht miteinander harmonisiert, sondern sie laufen ab wie eine Reihe dicht aneinandergefügter elektrischer Entladungen. Der Text knistert.

Galvanische Prosa. Ist sie es, die den Leser in den Roman *Ein später Sommer* hereinholt (so, daß er nur wieder heraus könnte, wenn der Strom ausgeschaltet würde, er wird aber nicht ausgeschaltet, in keiner Zeile), oder ist es die Komposition des Ganzen, die ihn veranlaßt, der Erzählung zu folgen? Eine Frage, die nicht beantwortet werden kann, wenn eine so konzentrierte Mischung von Inhalt und Form erreicht worden ist wie in diesem Buch. Die Erzählung erscheint als Triptychon: ein Prolog und ein Epilog rahmen den Hauptteil ein, die Liebesgeschichte zwischen dem 35jährigen deutschen ›Studenten‹ Otto Beck und der 39jährigen Irin Imogen Langrishe. Diese drei Teile werden in kurze Kapitel gegliedert. Protagonistin des Prologs ist Imogens Schwester Helen (es gibt noch eine dritte Schwester, Lily, die Higgins jedoch – in einem seiner vielen unvergleichlichen Kunstgriffe! – im Hintergrund umhergeistern läßt), aber in zwei Kapitelchen taucht bereits Imogen als Trägerin der Handlung auf. Im Schlußkapitel ergreift dann der Erzähler selbst das Wort. Helen Langrishe führt also in den Roman ein, in den verrotteten Landsitz der drei Schwestern in Kildare, in das Imogen/Otto-Beck-Motiv und in die historische Zeit. Die historische Zeit des Prologs ist das Jahr 1937, Helen liest während einer Omnibus-Fahrt von Dublin nach Kildare Nachrichten vom Spanien-Krieg. Bereits im Prolog wird die erzählerische Technik voll entwickelt: der Wechsel vom Erzählen in der ersten zur dritten Person Singular, also vom Monolog zum Wesen, das vom Erzähler beobachtet wird, die Ablösung einer Figur durch eine andere, die ständige Verschiebung der Zeiten. So wiederholt sich im Aufbau des Ganzen das zugleich Zerstückelte und Intakte der sprachlichen Struktur. Der Epilog springt wieder ins Jahr 1938. Helen wird begraben, und die von Otto Beck längst verlassene Imogen liest die Nachrichten von der Besetzung Österreichs.

Ich sollte nun interpretieren. Beispielsweise und sehr leicht ließe sich das Buch deuten als Schilderung des Einbruchs eines präfaschistischen Typs in ein noch mittelalterliches Milieu. Eine äußerst paradoxe Situation als einzigartige Möglichkeit für einen Erzähler, der sie erkennt. In Otto Beck ist Higgins ja auf geradezu somnambule Weise der verwirrte halbfaschistische Intellektuelle der Weimarer Republik geglückt. Und die irischen Damen, mit denen er es zu tun bekommt, erscheinen in jeder nur möglichen Hinsicht als mittel-alterlich. Man ahnt auch sogleich, daß der Konflikt zwischen diesem ›modernen‹ Zentraleuropa und einem ›zurückgebliebenen‹ Randgebiet nicht gut ausgehen kann. So etwa ließe sich argumentieren, besonders anhand der Kapitel 20, 21 und 29, in denen Otto Becks Jugend, seine Studien (bei Husserl und Heidegger), seine metaphysischen Ideen und seine sexuellen Vorlieben enthüllt werden. Die Komposition des Buches ist ja auch darauf gerichtet, daß Otto Beck Imogen Langrishe im Jahre 1933 verläßt und auf den Kontinent zurückkehrt; die Nachrichten aus Deutschland zeigen ihm das Ende seiner Ziellosigkeit an. Natürlich ist Aidan Higgins viel zu klug und zu informiert, um ihn einfach zu einem Nazi zu machen.

Den deutschen Leser überrascht wohl nichts so sehr wie Aidan Higgins' Kenntnis deutscher Zustände, Dinge und Menschen. Dabei ist aus der Biographie des Autors nur bekannt, daß er als Marionettenspieler neben vielen anderen europäischen und südafrikanischen Ländern auch Deutschland besucht hat. Eine spezielle Beziehung zu Deutschland, wie bei D. H. Lawrence, scheint nicht zu bestehen. Zweifellos aber eine spezielle Fasziniertheit von gewissen deutschen Aspekten. Bereits in den sechs frühen Erzählungen taucht dreimal das deutsche Thema auf, und zwar auf das glaubwürdigste. Im Roman steigert sich diese Authentizität ins Phänomenale. Ich will eine winzige Einzelheit herausgreifen: die Schilderung Starnbergs und des Undosa-Bades (als Teil der Darstellung von Otto Becks Jugend). Starnberg und das Undosa-Bad sind auch ein Teil meiner eigenen Jugend; wie dieser junge Ire, der damals noch gar nicht geboren war, es fertigbringt, mich daran zu erinnern, daß ich Starnberg und das Undosa-Bad – und zwar genau dasjenige der zwanziger Jahre! – wieder schmecke, rieche, spüre – das ist mir ein Rätsel! Und in dieser Weise stimmt alles, die Atmosphäre der frühen und der späten Weimarer Republik und die Gedanken und Gefühle des Otto Beck. Woher nimmt ein 1927 geborener Ire, der in den fünfziger Jahren zum erstenmal nach Deutschland gekommen ist, so sichere Nachrichten über Deutsches, Informationen, die geradezu an unser Geheimnis rühren? Diese Frage führt dazu, daß man erwägt, ob es sich bei *Ein später Sommer* um einen historischen Roman handelt, und wenn man sich entschließen könnte, ihn als solchen zu betrachten, müßte man sagen, das Buch habe das Problem des historischen Romans auf die originellste Weise gelöst.

Interpretationen! Das große Werk schenkt sich allen, sogar der, hier werde nur eben am Lady-Chatterley-Motiv weitergesponnen. Sie wäre freilich die oberflächlichste von allen. Die Paare Imogen Langrishe/Otto Beck und Constance Chatterley/John Mellors unterscheiden sich voneinander wie der diskursiv-ideologische Stil, mit dem Lawrence sein Werk geschwächt hat, von der seltenen Mischung aus Poesie und Analyse, mit der Higgins das seine stärkt. Daß zwei das gleiche *concetto* benützen, besagt nichts. Nur was sie daraus machen, zählt.

Aidan Higgins hatte das Glück, in Urs Jenny einen mehr als vorzüglichen, einen kongenialen Übersetzer zu finden. Das deutsche Sprachtempo, das Jenny anschlägt, entspricht aufs vollkommenste dem feurigen Brio von Higgins' Originaltext.

Ich habe noch nichts gesagt über die Atmosphäre Irlands in diesem Buch, über die psychische Wahrheit in der Zeichnung aller Figuren, über die Kunst, mit der sie zueinander in Beziehung gesetzt werden, über die kritische Humanität des Aidan Higgins, über die Schwierigkeiten beim Schreiben von Romanen heute. Ich glaube nicht, daß es unmöglich geworden ist, einen Roman zu schreiben. Es ist nur schwieriger geworden. Hier ist ein möglicher heutiger Roman.

»*Hätte ich Tolstoi nicht gelesen...*«
Yasushi Inoue, › Die Eiswand ‹

Vor vier Jahren erschien in der Bibliothek Suhrkamp die Erzählung *Das Jagdgewehr*. Sie wird jedem, der sie gelesen hat,
in ihrer Mischung von klassischer Sprache, strenger Komposition und modernem Bewußtsein unvergeßlich geblieben sein.
Mit wenigen, aber kunstvollen Griffen wurde in ihr eine Form
erneuert, der man keine Chance mehr gegeben hätte: der Roman in Briefen. Vielleicht, so sagte man sich, ist diese Form in
einem Lande möglich, in dem man noch Briefe schreibt, wobei
man an Blätter, bedeckt mit fernöstlichen Ideogrammen,
dachte, an eine Sprache, die durch das Zeichen, also durch Vi-
suelles, dem Gesprochenen Unterscheidungen auferlegt, dergestalt, daß die Bedeutungen sich in optischen Signalen äußern,
die vom Lesenden › übersetzt ‹ werden müssen *. Jedenfalls
wartete man seitdem auf ein neues Werk des Japaners Yasushi
Inoue. Es liegt nun vor in dem Roman *Die Eiswand* (Suhrkamp 1968). Niemand sollte vor den 416 Seiten dieses Buches
zurückschrecken. Es ist ein Buch, so hell und durchsichtig wie
klares Wasser. Durch dieses helle Strömen hindurch sieht man
auf einen Boden, der nicht mehr durchsichtig ist. Nicht ohne
Grund gewann *Die Eiswand* den Preis der Japanischen Kunst-
akademie.

* Beispielsweise wird das japanische Wort › hito ‹ (– › Mensch ‹ in einem Zeichen
ausgedrückt, das aus zwei an- und abschwellenden Strichen besteht, die eine
unten offene Pyramide bilden. Je nach der Verbindung, in der dieses Zeichen
mit anderen Zeichen erscheint, ändert sich seine gesprochene Bezeichnung: der
Mensch, der sich unter anderen Menschen bewegt, heißt › hitomae ‹, der Mensch
als Arbeiter › ninsoku ‹, der Mensch als humanes Wesen (im begrifflichen Sinne)
› jindo ‹. (Vgl. dazu den Artikel *Japanisch* im Fischer-Lexikon, Bd. 25, Sprachen.)
Welchen immensen Schwierigkeiten jede Übersetzung begegnen muß, die aus
einem Zeichensystem in ein Lautsystem überträgt, liegt also auf der Hand. Die
Übersetzung der *Eiswand* scheint Oscar Benl ebenso gelungen zu sein wie diejenige des *Jagdgewehr*, wenn man von der Wirkung beider Werke auf den Leser
ausgeht. Aber auch er scheint auf unüberwindliche Schwierigkeiten zu stoßen.
So findet sich in den Dialogen der *Eiswand* eine Häufung der Füllwörter › Hm ‹
und › Tja ‹, die primitiv anmutet. Offenbar gibt es im Japanischen ein System solcher Füllwörter aus Konsonanten, die nasaliert oder palatalisiert mit aufeinander
gepreßten Lippen gesprochen werden. Wie soll man derlei übersetzen? Noch
dazu in einem Roman, dessen verbale Kargheit expressive Laut-Umformungen
à la Arno Schmidt strikt verbietet?

Die Verleihung des Nobelpreises an Yasunari Kawabata hat uns drastisch gezeigt, daß die moderne japanische Literatur uns so gut wie unbekannt ist. Selbst renommierteste Redaktionen gerieten in einige Aufregung, bis sie irgend jemand gefunden hatten, der ihren Lesern erzählen konnte, wer Kawabata sei. Tatsächlich wissen wir kaum mehr, als daß in den zwanziger Jahren Ryûnosuke Akutagawa (der Verfasser von *Rashomon*), der 1927 mit 35 Jahren Selbstmord beging, der geniale Anreger einer Synthese aus japanischer Tradition und neuesten westlichen Einflüssen war; und daß Kawabata später jenen ›Sensualismus‹ genannten Stil entwickelte, von dem wir da und dort gehört haben, ohne daß wir uns darunter etwas vorstellen könnten. »Die sensualistische These, die das vielfältig sensible Ich umgeben sieht von einer nicht fixierten äußeren Welt, von einer nur durch das Sinnlich-Rezeptive momentan erfaßbaren Welt, schließt für ihn unmittelbar an buddhistische Vorstellungen an, für die der Japaner längst den Begriff ›fließende Welt‹ geprägt hatte, Sinnbild zugleich der Augenblicksschönheit und eines von einer spezifisch fernöstlichen ›Trauer‹ geprägten ›Nihilismus‹, der freilich von dem unseren um einiges ab liegt«, schreibt Siegfried Schaarschmidt (FAZ, Nr. 243 v. 18. 10. 1968); er meint, Kawabata produziere mit ihr scheinbar traditionalistische Romane, die in Wirklichkeit von höchster Modernität seien. Eine solche Formel könnte auch für den 1907 geborenen Inoue – er ist neun Jahre jünger als Kawabata – zutreffen. Aber über die Rolle, die Inoue im geistigen Leben Japans spielt, war zu dem Zeitpunkt, an dem dies geschrieben wird, nichts zu erfahren. Ich weiß also nicht, ob Inoue zu den ›Sensualisten‹ gehört. Das wenige, was wir von neuer japanischer Literatur wissen, verdanken wir einigen wenigen Japanologen, unter ihnen vor allem Oscar Benl, dem Übersetzer Kawabatas, Ookas und nun auch Inoues. (Der Bedeutung Japans angemessen wäre eine Besetzung dieses Fachs, die wenigstens einigen Prozent der Besetzung von Fächern wie Romanistik oder Anglistik entspräche.)

Vielleicht erfahren wir das meiste über den Geist der japanischen Literatur unserer Zeit aus einigen Filmen, aus Kurosawas *Rashomon*, aus Ichikawas *Nobi* (der Verfilmung von

Shohei Ookas *Feuer im Grasland*), aus Ozus *Tokyo Monogatari*.
In ihrer oft schmerzhaften Deutlichkeit, ihren langsamen Ab-
läufen (Ozu beispielsweise schaltet jede Bewegung der Kamera
und jede Überblendung aus), ihrer aus der scheinbar isolierten
Szene entwickelten Spannung, ihrer elliptischen Technik des
Erzählens, sind sie auf eine Weise, welche der Bedeutung dieses Ausdrucks in Europa nahezu entgegengesetzt ist, ein › Kino
der Autoren * ‹. So entspricht etwa der motivische Gebrauch,
den Inoue von einem Haori aus graublauer Yuki-Seide im
Midori-Brief des *Jagdgewehr* macht, auf das genaueste der elliptischen Wiederkehr von Motiven in Mizoguchis Verfilmung
des *Ugetsu Monogatari*. Das gleiche kehrt zurück, jedoch verwandelt, indessen das, was mit ihm zwischen seinem Erscheinen und seiner Wiederkehr geschah, eher verschwiegen wird.

Aber wenn wir über die japanische Literatur wenig wissen,
so wissen wir doch einiges über die Geschichte Japans, die sie
begleitet. Ihre tragische Ähnlichkeit mit unserer Geschichte
ist bekannt: ihr verhängnisvoller Weg aus der aufgeklärten
und glücklichen Meji-Ära in das nationalistische, imperiali-
stische und autoritäre Abenteuer der Showa-Ära, das in der
Katastrophe von Hiroshima endet. Daß es Kernspaltung war,
Naturwissenschaft in ihrem grauenhaftesten Aspekt, die einen
asiatischen Fürsten zwang, auf seine göttliche Abstammung zu
verzichten – über die Bedeutung solchen Epochen-Endes mögen konservative und liberale Geschichtsexegeten noch lange
streiten. So jedenfalls ist es gewesen, und die schauerliche
Größe des Bildes ist wenigstens nicht von der Art, daß nach ihr
kein Gedicht mehr möglich wäre. Auch das, was nachher kam,
ähnelt den deutschen nachimperialistischen Verhältnissen: ein
plötzlich in einem ideologie-freien Raum lebendes Volk von
höchster, bewußter Intelligenz organisiert sich in einer tech-

---

* Ich verweise in diesem Zusammenhang auf meinen Aufsatz *Das Kino der
Autoren*. Meine Analyse des Films als eines Zweiges der epischen Literatur
wurde von der Filmkritik entweder überhaupt nicht beachtet oder abgelehnt.
Der heutige Film gibt sich, mit einigen Ausnahmen (Buñuel, Bresson, die Japaner), bewußt anti-literarisch, bezeichnenderweise am heftigsten dann, wenn er
sich pseudoliterarisch frisiert, wie bei Godard. Das beweist nicht, daß ich mich
unter allen Umständen geirrt habe.

nischen Massen-Zivilisation, die nur noch produziert und konsumiert; die Inhalte verdampfen, Technologistan ist da! Das ist es, wogegen die Studenten auf der ganzen Welt in Wirklichkeit anrennen, und sie werden gewinnen, wenn sie eines Tages begreifen, daß man Technologistan nicht abschaffen, aber es verwandeln kann, in ein Humanum. Wörter wie Revolution oder Reform reichen nicht aus, die Aufgabe auch nur zu skizzieren. Was gesucht werden muß, ist die Metamorphose.

In diesem Zeitraum also ist die moderne japanische Literatur entstanden, und es ist sicherlich kein Zufall, daß Akutagawa im ersten Jahr der Showa-Ära Selbstmord beging. Seine Nachfolger haben gegen eine absolute Militär-Herrschaft (und das ist natürlich etwas anderes als eine Herrschaft der Nazis!) eine Literatur der inneren Emigration geschaffen. Ich gebrauche diesen diskreditierten Begriff gerade, um an den japanischen Dichtern zu zeigen, zu welcher Realität man ihn treiben kann. Die Japaner haben im gleichzeitigen Rückgriff auf die Tradition des *Monogatari* und des klassischen westlichen Romans eine humanistische Literatur geschaffen, die unangreifbar blieb, von keiner Zensur zu erreichen war, auch wenn sie den Gegensatz zwischen dem Individuum und dem Staat offen behandelte. Die Stimmung, die damals zwischen der Literatur und dem Staat herrschte, wird in einem Ausspruch deutlich, der uns von Saneatsu, einem Romanschriftsteller aus Adelskreisen Kyotos, berichtet wird: »Hätte ich Tolstoi nicht gelesen, wäre ich Unglücklicher ein Politiker geworden!« Und wie die Schriftsteller der Showa-Ära, unter ihnen Kawabata, den Menschen gegen den totalen Staat verteidigten, so verteidigen ihn die Schriftsteller nach Hiroshima gegen die durch eine technologische Bürokratie gelenkte Massengesellschaft. Alle Japan-Kenner stimmen darin überein, daß der Konflikt des Japaners mit den Ansprüchen der Industrie-Welt nicht nur eine soziale und psychische Realität, sondern auch das Generalthema der japanischen Kunst und Literatur sei. In Yasushi Inoues Roman *Die Eiswand* tritt es bedeutend hervor.

Er beginnt wie eine alt-japanische Liebesgeschichte. Der Bergsteiger Uozu, von einem Kletter-Ausflug zurückkehrend, trifft seinen Freund und Bergkameraden Kosaka in eine hoffnungslose Liebesgeschichte mit der Gesellschaftsdame Minako verwickelt, die mit dem viel älteren Industriellen und Ingenieur Kyonosuke verheiratet ist. Uozu und Kosaka vereinbaren eine extreme Fels- und Eistour, die Besteigung der Ostwand des Vorderen Hotaka im Winter, in deren Verlauf Kosaka tödlich verunglückt. Bereits vorher hat auch Uozu sich in Minako verliebt. Dieses ganze dramatische Geschehen erledigt Inoue auf den ersten neunzig Seiten seines Buches; was dann folgt, ist, auf über dreihundert Seiten, nichts anderes als die Geschichte eines Seils, des Seils, das gerissen ist, als Kosaka abstürzte.

»Warum war das Seil gerissen? Zweifellos war es ohne Ruck gerissen. Als Kosaka abglitt und sich sein Körper von der Felswand löste, hatte sich Uozu an seinem Pickel festgehalten, aber er hatte nicht den geringsten Ruck verspürt. Das Gewicht von Kosakas Körper hatte nicht auf ihn eingewirkt.«

In diesen acht Zeilen führt Inoue den eigentlichen ›Falken‹ der Erzählung in den Text ein. Das erstklassige Nylon-Seil kann, nach allen industriellen und wissenschaftlichen Erfahrungen, nicht gerissen sein. Also müssen die Bergsteiger es entweder falsch behandelt haben, oder Kosaka muß es abgeschnitten haben (Selbstmord), oder Uozu hat es durchschnitten (Mord). Uozu beginnt einen dreifachen Kampf: um die Ehre der Seilschaft, um die Ehre seines Freundes (ein Bergsteiger begeht niemals in der Wand Selbstmord), um seine eigene Ehre. Das durchaus Neue des Buches besteht darin, daß gezeigt wird, wie ein Mann, verwickelt in eine alt-japanische Liebesgeschichte, erfüllt von einem alt-japanischen Ehrbegriff, gegen eine Gesellschaft kämpft, für die solche Werte irrelevant geworden sind. Uozu ist nicht ›angepaßt‹, er begreift nicht, daß es dieser Gesellschaft nicht um seine Ehre geht, sondern um das Problem der Haltbarkeit des Seils. Er unterwirft sich einem wissenschaftlichen Test, der von Kyonosuke, dem Gatten Minakos, ausgeführt wird. Kyonosuke hätte Grund, Uozu zu schaden, wegen dessen Beziehung zu Minako, aber der Leser ist so überzeugt, wie Uozu es ist, daß Kyonosuke ihm nicht schaden wollte, als der Test zu seinen Ungunsten ausgeht. Nicht einmal der Umstand, daß Uozu Angestellter einer Firma ist, an der die Herstellerfirma des Seils kapitalmäßig beteiligt ist, kann Kyonosukes wissenschaftliche Objektivität beeinflussen. So erklärt er:

»Alle diejenigen, die keine Genies sind, müssen auf Urteile verzichten. Denn sie würden dem Material Gewalt antun, sich in unverantwortlichen Vermutungen ergehen und falsche Schlüsse ziehen. Da ich solche Fehler vermeiden will, glaube ich nur das, was das Material unmittelbar aussagt. Bittet man mich, so untersuche ich die Bruchstelle des Seils und was auch immer sonst, und ich liefere dann das Material. Ich erkläre auch die unmittelbare Bedeutung, die dieses Material hat. Aber keinesfalls lasse ich mich darauf ein, Schlüsse daraus zu ziehen!«

Diese eisige Kälte ist es, an der Uozu scheitert, so daß er auch das ›Vertrauen Sie schweigend!‹ seines Vorgesetzten und Freundes Tokiwa Daisaku, der wohl köstlichsten Figur des Buches, eines Japaners des Übergangs, voller Weisheit und Witz, nicht annimmt. Das einzige, wozu Tokiwa ihn bewegen kann, ist, daß er von nun an schweigt, wobei er entdeckt, daß dieses Schweigen ihm nützt; die Presse vergißt ihn. Als im Frühsommer die Leiche Kosakas aufgefunden wird, mit dem – wahrscheinlich! – wirklich gerissenen Seilende um den Körper, interessiert sich kein Mensch mehr für den Fall. Uozu aber ist inzwischen sich selber gegenüber unsicher geworden; er ahnt, daß in seinem Gefühl zu Minako Elemente sichtbar geworden sind, die er bei sich selbst nicht für möglich gehalten hätte, auch wenn er sie sich bis zuletzt nicht eingesteht. Um sich vor allen Zweifeln zu retten, beschließt er, die Werbung der Schwester Kosakas, Kaoru, anzunehmen, in der Inoue eine Gestalt der Zukunft und zugleich der japanischen Tradition geschaffen hat, ein Mädchenbild voller Klarheit. Aber auf dem Weg zu ihr ereilen Uozu die Steindämonen des Hotaka. Zerbrochen ist er freilich schon vorher, an einer Eiswand, die in keinem Gebirge steht.

Der Roman integriert drei Schichten: eine psychologische, eine soziologische, eine mythische. Der mythische Hintergrund des Hochgebirges ist verknüpft mit den Motiven der Ehre und der Reinheit; die psychische Struktur lebt von der

Voraussetzung, daß in der erotischen Beziehung eine unaufklärbare Macht von Anziehung und Abstoßung herrscht; die soziale Welt – es ist diejenige der Millionenstadt Tokio – umfängt Ehre wie Eros im Chaos einer überwältigenden Nichtigkeit. Der Realist Inoue zeigt das Chaos auch in seinen humoristischen Zügen: die Unangepaßtheit Uozus verrät sich zuerst in seinen Urlaubs- und Vorschuß-Forderungen. Der Humor ist allerdings abgründig: in ihm wird die ökonomische Voraussetzung enthüllt, unter der Uozu im Gebirge › rein ‹ sein kann. Oder ist es umgekehrt? Erzwingt das Gebirge die › Ökonomie ‹ Uozus? Die Ambivalenz solcher Motivzüge ist unerschöpflich, und Inoue überläßt sie dem Leser als Denkstoff.

Seine Schreibweise ist nüchtern, karg, lapidar, feststellend. Eigentümlich berührt an seiner Technik, daß er nicht den Versuch unternimmt, durch Beschreiben zu überzeugen. Minako ist schön, oder sie ist elegant, das wird einfach festgestellt, wird nicht › bewiesen ‹; es muß vom Leser als gegeben hingenommen werden. Ähnlich hält Inoue es mit den Landschaftsbeschreibungen. Ich habe mich nach der Lektüre des Buches gefragt, worauf die starke Wirkung seiner Schilderung des japanischen Hochgebirges eigentlich beruht, und daraufhin das Buch nach › schönen Stellen ‹ durchgesehen, jedoch keine einzige gefunden; Inoue beschreibt die Berge in fast konventionellen Formeln. Wenn die Schönheit einer Frau oder des Gebirges, die chaotische Kraft Tokios oder die Einsamkeit eines alten Hauses trotzdem so › da ‹ sind, so, weil ihre Wirkung in Uozus Seele gezeigt wird. Verbaler Aufwand für das Objekt selbst würde diese Wirkung nur abschwächen – so will es eine Regel des japanischen Kunstverstands. Alle Beobachtungen beziehen sich auf das, was sie in der menschlichen Seele auslösen – von solcher Anschauung lebt ja auch der uns oft so unbedeutend anmutende Haiku. An einer einzigen Stelle seines Buches erlaubt Inoue sich einen Hinweis auf seinen Stil. Als Tokiwa die Artikel gelesen hat, in denen Uozu den Bergunfall in einer Zeitung schildert, sagt er zu ihm: » *Sie haben einen ausgezeichneten Stil, Uozu! Mit einem modernen Ausdruck könnte man ihn › dry ‹ nennen. Es ist ja wirklich nicht nötig, unbedingt › feucht ‹ zu schreiben.* « Dieser › trockene ‹ Stil Inoues macht die einzelne Szene so lebendig, gruppiert die Folge der Szenen zu einer Komposition von scheinbar müheloser Leichtigkeit, zu einem Holzstoß, der von einem Meister des Scheiter-Schichtens gefügt wurde.

Angesichts eines solchen Werks fällt der Antagonismus zwischen einem Roman der Sachen und einem der Seelen, den wir im ›Westen‹ so eifrig-polemisch pflegen, dahin. Er ist aufgehoben in einer Synthese, für die Inoue kein stärkeres Bild hätte finden können als sein Seil-Motiv. Und auch der neueste Schrei von der Anti-Literatur mag denjenigen unter ihren Anhängern, die durch Zufall an *Die Eiswand* geraten, auf den Lippen ersterben. Ein Buch wie dieses zeigt, daß der Schriftsteller den Menschen in seinem persönlichen Kunstwerk verteidigt. Etwas vom Geist des Satzes »Hätte ich Tolstoi nicht gelesen, wäre ich Unglücklicher ein Politiker geworden!« lebt auch in diesem Buch, das, wie Kurosawas Filme, nichts weiter, aber auch nichts weniger ist als ein ›Bericht über ein lebendes Wesen‹. Solche Berichte können nur in der Kunst erstattet werden. Ihre Form ist ihr Engagement.

Lady Avas elegante Hand
Alain Robbe-Grillet,
› Die blaue Villa in Hongkong ‹

Anzuzeigen ist die Verbindung des nouveau roman mit der
pop art, hergestellt im neuesten Roman des 44jährigen französischen Schriftstellers und Filmregisseurs Alain Robbe-Grillet:
Die blaue Villa in Hongkong.

Die Theorie des nouveau roman, in einer Reihe imponierend
konsequenter Essays von Robbe-Grillet entworfen (deutsch
1965 bei Hanser: *Argumente für einen neuen Roman*), fordert,
das epische Werk des 20. Jahrhunderts habe sich zu lösen von
Held, Geschichte, Tiefe, Engagement, Humanismus, Metapher und Tragik. Es ist nahezu unbegreiflich, daß ihr Urheber
sich neuerdings gegen den Vorwurf wehrt, er habe Gesetze für
den neuen Roman erlassen und nach ihnen seine eigenen Romane geschrieben. Er hat sie erlassen, und er hat die Prinzi-
pien seiner Theorie auf das strengste in seinen Romanen an-
gewandt. Sie enthalten infolgedessen keine Helden, keine Geschichten, keine Tiefe, kein Engagement, keinen Humanismus, keine Metaphern und keine Tragik.

An ihre Stelle tritt die Kunst der Beschreibung von Dingen,
einer Dingwelt, die nicht mehr interpretiert, sondern nur
noch gezeigt wird, aber auf das kunstvollste, in ihren wech-
selnden Konstellationen. Eine solche Ding-Konstellation kann
manchmal eine Beziehung zwischen Menschen verraten, wie
in dem Roman *Die Jalousie oder die Eifersucht*, doch spielen
die Menschen für die Dinge nur eine untergeordnete Rolle, die
Robbe-Grillet en passant notiert, um nachzuweisen, daß » die
Welt weder sinnvoll ist noch absurd. Ganz einfach: sie ist «.

Die Hinnahme des Inventars der Welt als eines Bestandes
reiner Oberflächen-Phänomene – der Begriff der Oberfläche
spielt in der Philosophie Robbe-Grillets eine entscheidende
Rolle – führt ganz natürlich zu einer filmischen Technik der
Beschreibung. So lesen sich alle Romane Robbe-Grillets wie
eine Folge von Kamera-Einstellungen.

Gerade die filmische Realisation seiner Ideen – er betrat die Filmwelt zuerst in Verbindung mit Alain Resnais *(Letztes Jahr in Marienbad)*, seinen zweiten Film *(Die Unsterbliche)* inszenierte er selbst – scheint ihm gezeigt zu haben, daß die Welt der Gegenstände nicht so rein existiert, wie er bisher angenommen hatte, sondern von mächtigen, von Menschen erschaffenen Mythen durchwirkt wird.

Sicherlich ist auch der Einfluß der *Mythen des Alltags* (deutsche Ausgabe bei Suhrkamp 1964) seines Freundes Roland Barthes, des maßgebenden Literaturtheoretikers und Gesellschaftskritikers der jungen französischen Linken, nicht ohne Wirkung auf Robbe-Grillet geblieben. So jedenfalls erklärt es sich, daß er in einem Interview zu seinem neuen Roman auf *Strömungen wie pop art* oder *jene seltsame Leidenschaft für comic strips* und auf James-Bond-Filme ausdrücklich Bezug nimmt: »Es gibt tatsächlich Objekte dieser Art im Gehirn des modernen Menschen. Unsere Träume bauen sich auf jenen Klischee-Vorstellungen auf, von denen es in der Presse, im Fernsehen, in der Werbung nur so wimmelt.«

Robbe-Grillet bleibt aber seiner Methode insofern treu, als er den Komplex dieser Massen-Mythologeme konsequent als Objekt behandelt. Das sprachliche Modell aus Spionage-, Exotik- und Erotik-Klischees, das er zum Gegenstand seines neuen Romans gemacht hat, bleibt tatsächlich Modell, Objekt und Gegenstand, so, wie in seinen früheren Büchern der Steinrand eines Hafenkais oder die Beziehung zwischen einem Tisch und zwei Stühlen.

Die Technik ist stupend. In einem Spiegelkabinett von bezaubernder Raffinesse werden die Bewegungen von Figuren immer neu gegeneinander verschoben, so daß sie in immer verwirrenderen und überraschenderen Einstellungen erscheinen. Und da es sich zwar nicht um Menschen handelt, doch immerhin um Figuren, Puppen, Marionetten, nicht mehr bloß um Dinge wie in den früheren Büchern, und da das Ganze eine erotische Phantasie darstellt, ist *Die blaue Villa in Hongkong* einfach interessanter, leichter lesbar, hübscher als ein so sprödes Buch wie *Der Augenzeuge*, das man ja auch, wenn man will, empörend langweilig finden kann.

Leider jedoch verfehlt Robbe-Grillet sein Ziel, obwohl er sich, genau wie die führenden Pop-Artisten und Happening-Veranstalter, des Wörter- und Bilder-Materials der kapitalistischen Konsum-Zivilisation bedient.

Die Grundstruktur des Textes besteht aus Wörtern wie »die nackten Brüste einer Wachspuppe«, »ein Theaterplakat«, »die Reklame für Strumpfhalter oder für ein Parfum«, »langbeinige geschmeidige Frauen in ihren hautengen Etuis aus schwarzer Seide«, »Männer in creme- und elfenbeinfarbenen Spenzern«, »graugrün gefleckte Fallschirmjägeruniformen«, »Pistolen in Hüfthöhe«, »eurasische Dienerin« usw. Die Sätze bilden ununterbrochen reine Comic-strip-Situationen: «Der hautenge, bis zum Schenkel geschlitzte Rock der Schönen von Hongkong zerreißt blitzschnell unter einer gewalttätigen Hand, die plötzlich eine pralle, feste, glatte, glänzende Hüfte freilegt und die weiche Rundung des Hinterteils.« »Lady Ava bietet die elegante und vollendete Hand einem der Geschäftsleute, der sich mit zeremoniellen Gesten von ihr verabschiedet.« »Sehr langsam streift sie mit einer geschmeidigen und graziösen Hand die schwarze Seide von ihrer Hüfte und schiebt sie völlig zur Seite, zweifellos, damit ihr Geliebter seine Entscheidung in voller Kenntnis des Angebotes treffen und, unter anderem, den Wert der Spuren, die noch immer auf ihrem Körper sichtbar sind, einkalkulieren kann.«

Solche Bilder, bewußt an den Kitsch herangeführt, entspringen der gleichen Absicht wie Jean-Claude Forests *Barbarella*-Strip oder die gräßliche *Phoebe Zeit–Geist*-Serie der New Yorker ›Evergreen-Review‹, in der die heute übliche Reizwirkung sexueller Waren-Fetische bis zur Raserei persifliert wird. Eben solche Persiflage aber gelingt Robbe-Grillet nicht. Von Raserei ist er weit entfernt.

Statt dessen hat er sich in seine zunächst rein artifiziell hergestellte Klischee-Welt widerstandslos verliebt. Wie es sich für einen europäischen Künstler und Formspieler von hohen Graden gehört, wird ihm das Hongkong seines Traum-Kitsches, je länger er sich damit beschäftigt, eben doch zum künstlichen Paradies. Das Arrangement von Raum-Spiegelungen und Zeit-Brechungen, in immer neuen Variationen durch ein Dutzend Motivreihen geführt, spielt am Ende ganz frei, absichtslos, phantastisch durch dieses Buch. Die Möglichkeiten des Todes von Edouard Manneret, die Beziehung zwischen Sir Ralph und der blonden Lauren werden ihrem Dichter weit wichtiger als das, was vielleicht seine ursprüngliche Absicht war: die Enthüllung einer Ideologie.

Darin unterscheidet sich *Die blaue Villa in Hongkong*, obwohl sie doch mit Pop-Material arbeitet, von Roy Lichtensteins höhnischen Raster-Vergrößerungen amerikanischer Idole oder von Robert Rauschenbergs wütend durchgeriebenen Zeitungsfetzen. Robbe-Grillet haßt nicht, höhnt nicht, ist nicht wütend. Ganz offensichtlich ist er von seinem Hongkong entzückt.

Es dient ihm, wie gesagt, als erotische Phantasie. Aber obwohl diese vom Sadismus tingiert ist – Lederpeitschen, Mauerringe, Ketten, junge Chinesinnen, denen von Hunden oder Tigern die Kleider vom Leib gerissen werden, tauchen als ständig wiederholte Motive auf –, wird sie niemals bis in die Abgründe de Sades geführt. Alles bleibt hübsch, klein, maßvoll. Deshalb entgleist sie, wo sie die Sphäre der gepflegten perversen Andeutung verläßt: »... die kleine Japanerin... Ihr ausgebluteter Leichnam, der nur eine winzige Wunde am Halsansatz, direkt über dem Schlüsselbein, aufwies, wurde verkauft, um mit verschiedenen Soßen in einem angesehenen Restaurant in Aberdeen serviert zu werden. Die chinesische Küche hat den Vorteil, die Stücke unkenntlich zu machen.« So wird das, auch das noch, hingeplaudert. Man denkt mit Trauer an Poes *Arthur Gordon Pym*, gar nicht zu reden von gewissen Momenten in den Auschwitz- und Treblinka-Prozessen.

Darf man vermuten, daß sich hier die Methode an ihrem Werk rächt? Daß es keine Helden und keine Geschichten mehr geben soll, könnte man zur Not ja noch einsehen, und auf die Metaphern hatte schließlich schon Hemingway verzichtet. Wie aber, wenn auch noch Tiefe, Engagement, Humanismus und Tragik fehlen? Begibt sich eine Literatur, die nur noch beschreibt, vielleicht doch ihrer kritischen Möglichkeit? Mag sein, daß die Welt weder sinnvoll ist noch absurd.

Aber einfach festzustellen, daß sie da ist – mon dieu, das gibt auch nicht viel her! Es gibt doch höchstens ein paar statische Bücher her, und gelegentlich ein entzückendes kleines Bijou von einem Buch, wenn auch ohne kritische Kraft.

Immerhin – dergleichen liest sich angenehm. Es ist auch nicht bloß Mode. Es ist europäische pop art als Schmuckstück in einem Schaufenster der Place Vendôme.

Cicindelen und Wörter

Ernst Jünger, › Subtile Jagden ‹

1

Ernst Jüngers neues Buch *Subtile Jagden* gehört zu der gleichen Werkgruppe wie *Das abenteuerliche Herz* und die *Tagebücher*, also zu den Arbeiten, die am freiesten in der Form und deshalb am anziehendsten sind. Es ist von einem Reichtum im Detail und zugleich von einer Diskretion beim Öffnen von Türen, daß man immer wieder entzückt ist. Man ist versucht, an ein spätbarockes, sehr heiteres Deckenfresko zu denken, etwa an einen Tiepolo, hinter dessen Gewimmel aus Figuren und Gegenständen sich Ausblicke in einen rauchig-klaren Himmel öffnen. Vergleiche hinken immer, und Jünger ist nicht barock. Dazu ist seine Zeichnung doch zu hart, zu genau. Am Ende des hinreißend geschriebenen Kapitels, das einem Herbst im Périgord gewidmet ist, evoziert er Bilder der Donauschule. Dort gehört er wohl hin. Die deutsche Kunst war immer am größten, wenn sie zeichnete. Das Buch enthält ein ganzes Ensemble wundervoller Geschichten, die sich mit neuen Beispielen des berühmten Deskriptionsstils abwechseln. Man kann nicht auf Einzelheiten hinweisen, so gelungen ist alles, höchstens auf Lieblingsstücke, beispielsweise auf eine Beschreibung tropischen Wachstums im *Collyris*-Kapitel oder auf die Schilderung der Jagd nach dem *Moosgrünen*, in neuerer Literatur vergleichbar nur mit Hemingways *Big Two-Hearted River*. Wortwahl und Syntax sind vollkommen durchsichtig; es scheint Jünger physisch unmöglich zu sein, einen unklaren Satz zu schreiben. Die klassische Rationalität seines Satzbaus macht diesen mit Recht als sehr deutsch geltenden Autor zu unserem derzeit › französischsten ‹ Schriftsteller. Die Schreibweise ist dicht gegen alles Romantische, Expressionistische. Dafür leuchtet anderes durch: der Goethe der *Italienischen Reise* natürlich, der Hebbel der Tagebücher. In der Bibliothek kann man neben *Subtile Jagden* Fallmerayers *Fragmente aus dem Orient* und Heines *Bäder von Lucca* stellen, von den Modernen ganz gewiß Walter Benjamins *Lesestücke*. In den Meditationen wird nicht ›hinaufsinniert‹ (wie Werner Weber unlängst böse treffend über Carossa bemerkt hat); sie wenden nur den Stoff der Beobachtung und zeigen, womit er gefüttert ist. Doch genug der Bewunderung! Man riskiert nichts, wenn man dem Buch ein langes Leben voraussagt. Damit es rezensiert werden könnte, müßte es ärmer an Bedeutungen sein. So sei hier nur auf zwei Aspekte hingewiesen, die nach erster Lektüre auffielen.

2

Zu den merkwürdigsten literarischen Erfahrungen gehört es, daß man Schriftsteller mit naturwissenschaftlicher Bildung heute kaum noch an ihrem klassischen Standort findet: im Lager der Aufklärung, sondern vielmehr dort, wo man sie am wenigsten vermutet: unter den Konservativen. Man kann einwenden, dies sei schon seit Stifter des Landes Brauch. Aber Stifter war eine Einzelerscheinung. Die Regel war es, daß Autoren, welche sich mit den Problemen der Biologie oder der Physik beschäftigten, als Naturalisten oder Realisten bezeichnet wurden, weil man wußte, daß sie mit der Progression der Naturwissenschaften Fühlung hielten. Noch Naturkenner und -magiker, wie Döblin und Hans Henny Jahnn suchten deshalb ihren politischen Standort auf der Linken (die aber nichts Rechtes mehr mit ihnen anzufangen wußte, aus welchem Umstand ein Teil der Tragik ihres Lebens rührt). Heute dispensiert sich der ›Aufgeklärte‹ pauschal von aller Natur-Erkenntnis mit der Behauptung, die Wissenschaft sei zu kompliziert geworden. Er überläßt sie den Spezialisten. Die große Ausnahme bildet Arno Schmidt.

Hier sei ein persönlicher Einschub erlaubt. Unter meinen literarischen Bekannten gibt es kaum einen, der imstande wäre, eine Viertelstunde mit einem Hund zu spielen. Auch ist es unmöglich, mit ihnen ein Gespräch über Bäume zu führen, aber nicht, weil es, wie sie vorgeben, ein Schweigen über so viele Untaten einschlösse, sondern weil sie nicht in der Lage sind, eine Buche von einer Ulme zu unterscheiden. Es gibt Ausnahmen, wie jenen Professor aus Amsterdam, Kenner

Mondrians und aller geometrischen Künste, der nicht von der Autostraße her, sondern vom Alzasca-Paß herabsteigend ins Haus tritt, der stets weiß, wo er die Schattenseite der Berge zu finden hat, und das Leben der Murmeltiere beobachtet. Häufiger ist der Typ, der einem mit satter Arroganz in der Stimme erklärt, er fände die Natur langweilig, und das womöglich angesichts eines *liquidambar* im Herbstkleid. Von allen Arten der Naturfeindschaft lasse ich nur die gelten, in der sich das Grauen vor der Natur ins *paradis artificiel* flüchtet.

In *Subtile Jagden* gibt Ernst Jünger sehr schön die Genesis des konservativen Naturliebhabers aus dem Geist des 19. Jahrhunderts, indem er sich und uns die Gestalt seines Vaters heraufruft. Jüngers Vater, Botaniker und Apotheker in Sachsen und Niedersachsen, muß noch ein echter Positivist gewesen sein, ein Mann, der sammelte und klassifizierte. Einfach dadurch, daß der Sohn diese Methode beibehält, auch nachdem sie durch die Entwicklung der Wissenschaft scheinbar überholt wurde, wird er zum Konservativen, der eigensinnig unmittelbare Anschauung und exakte Deskription des Angeschauten dem neuen, kompliziert-abstrakten Geist entgegenhält. Liberale Intentionen schlagen in konservative um. Beide jedoch haben naturwissenschaftliche Bildung zur Voraussetzung, und das bewahrt sie davor, in die anti-szientifische Gebärde des Reaktionärs zu geraten. Wie der denaturierte Links-Hegelianismus vor gewissen Expressionisten oder auch vor Ernst Bloch die Achseln zuckt, so hegt die faschistische Faktion der Rechten einen instinktiven Widerwillen gegen Ernst Jünger: dumpf ahnt sie, daß dieser Mann nicht bereit ist zum *sacrificium intellectus*.

3

Den Insekten ist die moderne Literatur nicht wohlgesinnt. Beispielsweise wird in Kafkas Novelle *Die Verwandlung* der Käfer, in dessen Gestalt Gregor Samsa erwacht, zur Metapher des A-Humanen schlechthin; Kafka definiert ihn gleich zu Beginn als ›ungeheures Ungeziefer‹. Eine solche Bezeichnung wäre bei Fabre undenkbar. Offenbar liegt im rein Phänomenalen der Insekten-Welt etwas, das sie als Gegenbild alles Menschlich-Individuellen, Seelischen geeignet erscheinen läßt.

Ernst Jünger läßt sich auf anthropozentrische Erwägungen dieser Art nicht ein. Da er die Materie genau kennt – soweit man als Laie urteilen kann, muß er ein Entomologe von Rang sein –, sind ihm die Insekten ein Teil der Weltschöpfung. Er kennt die Ideogramme auf ihren Flügeldecken, ihre Lauf- und Flugfiguren, die Konstanz oder Unbeständigkeit der Arten. Von Fabre bis Murphy ist ihm die Forschung präsent, und ihrem Anspruch aufs Spezielle gehorcht er, indem er selbst sich spezialisiert; so kann die Wissenschaft ihn nicht einfach wegschieben, wenn er dann doch schließlich vom kosmogonischen Eros spricht, von einer »Hortung magischer Substanz« und davon, daß man die Namen feststellen, sie aber am Ende vergessen muß. Vergessen wofür? Für reine Formen natürlich. Kafkas Ungeziefer bildet für Jünger ein ästhetisches Faszinosum ersten Ranges; Gregor Samsas Erwachen als Käfer würde er vermutlich als einen Augenblick des absoluten Glücks schildern.

Es bliebe aufzuklären, warum Jünger gerade die Insekten so fasziniert haben, daß er uns heute seine Lebensgeschichte als Entomologe geben kann; gewisse Strukturen des Jüngerschen Geistes müssen den Strukturen dieser Klein-Organismen entsprechen, auf die Weise, die man meint, wenn man sagt, etwas habe einen ›künstlerisch gereizt‹. Dieser Welt der Chitin-Panzer, der Fühl-Antennen, der geschnittenen Formen entspricht etwas in Jüngers Sprache, dergestalt, daß er aus ihr einen ästhetischen Raum bereiten kann, in dem Cicindelen und Wörter nicht mehr voneinander zu unterscheiden sind. »Das zeichnet sich bis in die feinsten Strukturen ab, bis in die seidige Riefung des Chitins. Die Unterseite spielt in lebhaftem Metallglanz; der Feuerstoff will überall hervordringen: aus den Nähten, den Gelenken, den Poren des sanguinisch-solarischen Geschöpfs. Die Decken sind auf die Eigenart der Reviere gestimmt, meist scheckig getarnt. Die hellen Flecken, Binden und Halbmonde können sich, besonders auf Salzböden, verbinden und ausbreiten. Ich besitze fast weiße Stücke aus der Wüste Gobi und der Umgebung von Samarkand.«

Fußnote: Es mag manchem als Provokation erscheinen, wenn
einer auf die allgemeine Aufforderung zum Engagement damit
antwortet, daß er sich bei den Sandläufern und Grasmücken
engagiert. Doch ist der Begriff heute bis zu jenem Punkt abge-
sunken, an dem jeder Politiker jedem Schriftsteller zumutet,
er möge sich gefälligst vor seinen Karren spannen, in einem
Ton, den die Advokaten natürlich glänzend hervorbringen.
Was dazu zu sagen ist, sagt Jünger selbst in seinem Buch, wenn
er, scheinbar ganz nebenbei, erörtert, warum er zu Beginn des
Hitler-Reichs von Berlin nach Goslar umzog. »Daß ich, der
außer Ehrungen wenig zu befürchten hatte, in dieser Schick-
salsstunde aufs Land zog, war vermutlich richtig – ob es recht
war, darüber kann man verschiedener Meinung sein. Schließlich ging es um mehr als um ein Für und Wider in Parteifra-
gen. Kritiker, an denen es mir zu keiner Zeit gefehlt hat, krei-
deten mir dreißig Jahre später, um sich aus der Verlegenheit
zu ziehen, meinen ›Ästhetizismus‹ an. Hier könnte man vielleicht auch an Moral denken.« Dem ist, auch für heute, nichts
hinzuzufügen.

Ein neuer Scheiterhaufen für alte Ketzer

Norman Cohn,
› Das Ringen um das tausendjährige Reich ‹

Norman Cohns *The Pursuit of the Millennium*, 1957 zuerst in England erschienen, liegt nun endlich auch in einer deutschen Ausgabe unter dem Titel *Das Ringen um das tausendjährige Reich* vor. Als Zeugnis dafür, daß sich die geistesgeschichtliche Diskussion um ganz neue Elemente bereichert, ist es ein Werk von hohem Interesse. Diese neuen Elemente tauchen auf, seitdem sich Forschung und Literatur den von der Inquisition geschundenen Archiven der frühchristlich-spätantiken und mittelalterlichen Häresie zugewendet haben.

Im Rahmen dieser Forschungsarbeit hat sich Cohn dem Studium von Erscheinungen gewidmet, die er – im Untertitel des Buches – als » revolutionären Messianismus im Mittelalter « bezeichnet und von denen er erklärt, » daß die Gesamtheit dieser Geschichte bisher unerzählt blieb «. Schon bei einer bloßen Aufzählung alles dessen, was Cohn da zusammenfaßt, zweifelt man freilich daran, ob das Fehlen einer Gesamtdarstellung nicht mehr anzeigt als eine Unterlassungssünde, als eine wissenschaftliche Lücke. Cohn beginnt seine Darstellung mit einem Zweig der Wanderprediger-Bewegung, der durch Namen wie *Tanchelm* und *Eudes de l' Etoile* gekennzeichnet wird, behandelt dann radikale Kreuzzugssekten wie die Tafuriten, Bewegungen wie die des › falschen Balduin ‹ und der Pastorellen unter dem › Meister von Ungarn ‹, fährt mit Joachim von Fiore, den franziskanischen Spiritualen und der ganzen, sich auf Friedrich II. beziehenden Eschatologie fort, schildert die Geißlerbewegung und danach die Ketzerei des › freien Geistes ‹ von Amaury de Bène bis zu den Begharden und Beginen, bezieht die messianische Rhetorik der spätmittelalterlichen Bauernaufstände (Taboriten, Pauker von Niklashausen, Bundschuh, Thomas Münzer) ein und endet mit den Wiedertäufern von Münster. Es ist verständlich, daß die historische Wissenschaft es bisher bei Einzeluntersuchungen dieser Gruppen und

Individuen beließ und gar nicht auf den Gedanken kam, für so heterogene Phänomene eine ›Gesamt‹-Darstellung zu versuchen.

Für Cohn ergibt sich der gemeinsame Nenner dieser ketzerischen Gruppierungen aus dem eschatologischen, chiliastischen Zug, der ihnen innewohnt. Dagegen ist nichts einzuwenden. Eine Klassifizierung gewisser Strömungen im mittelalterlichen Ketzertum unter dem Aspekt der unmittelbaren Heilserwartung, die sie erfüllte, eine Art von Register der Sehnsucht nach dem Tausendjährigen Reich, ist etwas durchaus Sinnvolles. Indem es dieses Register für uns einrichtet und uns in einer Kartei der seltsamsten menschlichen Aufschwünge und Irrungen blättern läßt, besitzt Cohns Buch einen starken Reiz. Hätte Cohn sich ausschließlich als Historiker verhalten, so könnte eine außerordentliche Wirkung von seinem Buch ausgehen. Jedoch dient ihm sein ganzes historisches Material nur dazu, aus ihm eine geistesgeschichtliche Spekulation mit Nutzanwendung auf den neuesten Stand der Weltpolitik zu filtrieren. Indem Cohn die mittelalterlichen Millenniums-Propheten studiert, kommt er zu Schlüssen, die – wie er schreibt – »diese Bewegungen nicht nur als solche verständlicher machen, sondern sie auch in direkte Beziehung zu dem Aufstieg der totalitären Bewegungen unserer Zeit bringen«. Er will nicht nur über den revolutionären Messianismus im Mittelalter berichten, sondern – wie er im Untertitel explizit fortfährt – über »sein Fortleben in den modernen totalitären Bewegungen«. Es ist schade, daß er diesem Teil seiner Absichten nicht mehr Raum widmet als die elf Seiten einer eher kursorischen ›Schlußbetrachtung‹. Vermutlich verläßt er sich darauf, daß der Leser aus der Beschreibung der mittelalterlichen Fakten die Evidenz der Cohnschen Analogien ohne weiteres einsieht. Jedoch ist alles Material aus der mittelalterlichen Glaubensgeschichte seltsam sperrig; es entzieht sich eindeutigen Interpretationen.

Cohn steckt die Grenzen seines Stoffgebiets sorgfältig ab. Er beschäftigt sich nicht mit dem ganzen Komplex der zu Beginn des 11. Jahrhunderts mächtig einsetzenden Häresie, die in ihrem Kern eine ›Nachfolge Christi‹-Bewegung war und in ihrem radikalsten Flügel von dualistischen Gedanken beherrscht wurde, also eher vom Gegenteil einer Eschatologie. Die Katharer standen dem Evangelium des ›fernen Gottes‹ näher als dem Glauben an die Wiederkehr Christi. So sieht Cohn sich darauf angewiesen, aus der Abfolge der religiösen Evolution die eigentlich eschatologischen Regungen herauszulösen, in der oben wiedergegebenen Reihenfolge.

Schon dieses Inhaltsverzeichnis wird dem Kenner der mittelalterlichen Geschichte die Sorge aufgedrängt haben, ob da unter dem Stichwort der Erwartung eines Tausendjährigen Reiches nicht Erscheinungen subsumiert wurden, die ihrem geistigen Rang wie ihrer politisch-materiellen Struktur nach so verschieden waren, daß ihrer Zusammenfassung etwas Gewaltsames anhaftet. Diese Sorge ist berechtigt, und sie erfüllt sich in der Lektüre von Cohns Werk unmittelbar. Denn Cohn ist nicht nur ein Kenner der Eschatologie, sondern auch ihr Feind, und seine Feindschaft gilt nicht nur gewissen Erscheinungsweisen der Millenniums-Erwartung, sondern der Hoffnung auf eine Erfüllung der Geschichte insgesamt. Die schlimmsten Befürchtungen, mit denen man an das Werk heranging, erweisen sich als berechtigt: da werden am Ende Joachim von Fiore und ›König‹ Tafur, die franziskanischen Spiritualen und die Wiedertäufer von Münster in eine Synthese gezwängt, und das alles, um die Berechtigung einer Spekulation nachzuweisen: den Zusammenhang zwischen mittelalterlichem Chiliasmus und modernem Totalitarismus. So wird das Buch, das sich als wissenschaftliche Akribie aus liberalem Geist gibt, zu einem sehr engen, dogmatischen und ideologischen Buch.

Über die Akribie selbst sei hier nicht geurteilt, obwohl sich Bedenken genug ergeben. Eine Beschreibung Tanchelms und Eudes' zu geben, ohne die Wanderprediger-Bewegung, der sie angehörten, wenigstens in der Skizze zu versuchen, scheint ein recht fragwürdiges Unterfangen zu sein, gehört jedoch zur Methode; eine solche Skizze hätte nämlich ergeben, daß die Genannten nur periphere Figuren einer Entwicklung waren, die zu den größten Ordensgründungen im Mittelalter führte. Die Bezeichnung der Tafuriten als ›pauperes‹ scheint nicht gesichert; zumindest wird verschwiegen, daß die Bezeichnung

›pauperes‹ im Mittelalter in erster Linie auf die Wanderprediger, später auch auf Teile der Katharer und Waldenser angewendet wurde. Die soziologiehistorische Untersuchung, auf die Cohn besonderen Wert legt, wird im Stil von Behauptungen geführt und nicht wissenschaftlich belegt; der immense Literatur-Nachweis enthält keinen Hinweis auf Ernst Werners *Pauperes Christi* (Leipzig 1956), obwohl dies eine der gründlichsten Studien zur Sozialgeschichte des Mittelalters und ihren religiösen Auswirkungen ist, vermutlich weil es sich um eine marxistische Untersuchung handelt. Wohl aus dem gleichen Grund fehlt im kritischen Apparat Engels' *Geschichte des deutschen Bauernkriegs;* in einer Fußnote (S. 307) ist sie so geschickt erwähnt, daß Cohn sich ihrer Wertung entziehen kann. Dies ist um so merkwürdiger, als Kautskys *Communism in Central Europe* immerhin in die Bibliographie aufgenommen wurde. Nicht aufgenommen in die Bibliographie der Originalquellen und Quellensammlungen, die Hunderte von Titeln umfaßt, wurde auch nur eine einzige Schrift von Marx oder Lenin. Da dieses Ausschluß-Verdikt auch Hitler und Alfred Rosenberg trifft, wird, wie man sieht, das Prinzip des Übereinen-Kamm-Scherens, das Cohn auf die mittelalterliche Eschatologie anwendet, konsequent auch auf die dem Buch zugrunde liegende wissenschaftliche Methodik ausgedehnt. Inwieweit sie dabei ihren Wissenschaftscharakter verliert, braucht nicht ausgeführt zu werden. Zu den Eigentümlichkeiten der Bibliographie gehört auch, daß in ihr jede Bezugnahme auf die große protestantische Kirchengeschichtsschreibung (J. v. Walter, Harnack, Lietzmann) fehlt. Angemerkt sei noch, daß der Nachweis eines ständigen Zusammenhangs zwischen Chiliasmus und Antisemitismus Cohn nicht gelingt; das Pogrom gehört nicht zu den Erscheinungsformen der Häresie, sondern nur in die Geschichte ihrer Entartungen. Im Gegenteil besteht nicht nur ein enger Zusammenhang zwischen Judentum und Messianismus, sondern es haben auch das ganze Mittelalter hindurch starke Gruppeninteressen Ketzer und Juden miteinander verbunden – die gemeinsamen Interessen unterdrückter Minderheiten. Leider ist die Literatur über den ganzen Problemkreis, den Cohn anschneidet, nicht, wie er behauptet, reich; es gibt zwar einige Spezialuntersuchungen, an gründlicheren, umfassenderen Studien in deutscher Sprache aber kaum mehr als die Arbeiten von Grundmann, Borst und Nigg und schließlich Friedrich Heers *Europäische Geistesgeschichte* (Stuttgart 1953). Diese Werke sollten vom Leser unbedingt zum Vergleich herangezogen werden, wenn er Cohns tief parteiisches Buch mit einigem Nutzen lesen will.

Vielleicht muß ein Gelehrter so verfahren, der es sich zum Ziel gesetzt hat, ein geistiges und geschichtlich-materielles Phänomen von seinen Entartungserscheinungen her zu beurteilen. Daß der eschatologische Gedanke sich auf den Nährböden sozialer Unrast besonders gut dazu eignet, von Schwindlern und egoistischen Machtmenschen mißbraucht zu werden, liegt auf der Hand. Der aufmerksame Leser wird jedoch selbst bei der Lektüre dieser recht einseitigen Darstellung bemerken, daß der eschatologisch gestimmte mittelalterliche Mensch sich nur in seltenen Fällen von messianisch auftretenden Verführern in einen gewalttätigen Fanatismus treiben ließ. Ein von Hochstaplern oder Besessenen gelenkter Massenwahn, der sich in Untaten austobt, kann eigentlich nur für die Tafuriten, die Züge der Pastorellen, einige Auswüchse der Geißler-Bewegung und die Wiedertäufer in Münster nachgewiesen werden. Cohns Beweismaterial für die prinzipielle Disponiertheit des chiliastischen Geistes zur Entartung ist also äußerst dünn; statt dessen liest man – sogar bei ihm – in der Hauptsache die Geschichte harmloser Schwärmer, frommer Entrückter, mystischer Spekulanten und darüber hinaus eine Art Heiligengeschichte, die heute auch von der orthodoxesten Kirchengeschichte nicht mehr geleugnete Legende einer tiefen Sehnsucht nach der Nachfolge Christi, getragen von frommem Volk und geistigen Eliten. Die neue Verbrennung der mittelalterlichen Ketzer, die Cohn veranstaltet, ist um so unverständlicher, als er die Gegenrechnung zu ihren recht sporadischen Untaten, das Meer von Blut und Tränen, in dem die kirchliche und weltliche Herrschaft jegliche ketzerische Regung erstickte, nicht aufmacht. Es steht einem liberalen Gelehrten, der sich zum Kulturkreis der angelsächsischen Empirie zählt und als seinen Standort das Denken der sozialen

Demokratie bezeichnet, frei, Theorien der Heilserwartung und des utopischen Geschichtsdenkens zu kritisieren; es steht ihm jedoch nicht frei, sich den Opfern der Inquisition gegenüber ohne Mitgefühl zu verhalten.

Verständlich wird eine solche Haltung bis zu einem gewissen Grad, wenn man an die Spekulation denkt, die Cohn an seine Kritik der Eschatologie knüpft. Indem er sie als Analogon zum modernen Totalitarismus betrachtet, gelangt er jedoch zu einer geistesgeschichtlichen Konstruktion von erschreckender Simplizität. Dort, wo sie stimmt, ist sie nicht neu: die Parallele der Wiedertäuferherrschaft zum Nazismus wurde längst und mit Recht gezogen. Dort aber, wo sie neu ist, stimmt sie nicht: die Drei-Stufen-Theorie Joachims von Fiore hat mit der politischen Ökonomie von Karl Marx so wenig zu tun wie das Staatsdenken von Lenin mit der pantheistischen Spiritualität eines Amaury de Bène. Es sei denn, man wolle jegliches Geschichtsdenken, das eine › Erfüllung ‹ der Geschichte für möglich hält, oberflächlich parallelisieren. Cohn tut dies leider; in der schriftstellerischen Handbewegung einer halben Druckseite setzt er Joachim mit Lessing, Schelling und Fichte mit Auguste Comte, Marx mit Moeller van den Bruck in eins. Dergleichen pragmatischer Feuilletonismus verrät sich in der Sprache; unter diesem Gesichtswinkel, schreibt Professor Cohn, bestehe auch keine Notwendigkeit, zwischen Kommunismus und Nationalsozialismus *überscharf* zu unterscheiden. Überscharf natürlich nicht, aber scharf doch wohl! Scharfe Unterscheidungen zu lehren, gehörte bisher zu den Aufgaben der Universität. Doch hat man erst einmal den calabrischen Abt mit Karl Marx identifiziert und Marx mit Hitler, so fällt es nicht mehr schwer, die franziskanischen Spiritualen als Vorläufer der Nazis und Trotzki als Nachfolger Bockelsons zu sehen. Es mag sein, daß solcher Geschichtsspekulation im kalten Krieg ein gewisser Stellenwert zukommt; objektive, wissenschaftliche Bedeutung besitzt sie nicht. Wo eine Kritik der geschichtlichen Heilserwartung in politische Ideologie verfällt, trägt sie paradoxerweise dazu bei, gerade jener › Erfüllung ‹ der Geschichte den Weg zu bereiten, die in den Rauchpilzen über der Wüste von Nevada und über Nowaja Semlja als Möglichkeit jedem vor Augen steht – nur nicht dem ahnungslos eifernden Feind derer, die nicht gänzlich vergessen konnten, daß eine wahre Erfüllung der Geschichte ihnen nicht von obskuren Hochstaplern, sondern von dem Stifter ihrer Religion versprochen wurde, und die sie darum, jeglicher Erfahrung zum Trotz, als Heilsgeschichte betrachteten.

Sartres Kritik an einem Kinde
Jean-Paul Sartre, › Die Wörter ‹

1

Das fängt gemütlich an: als Familiengeschichte, mit Wörtern wie Elsaß, Zirkusreiterin, Hochzeitsnächte, Nasentropfen. Es endet in Existenzanalyse. Auf den letzten Seiten finden sich fast nur noch Wörter wie: schreiben, Ohnmacht, Neurose, Nerven, Träume, Gott, Heil, retten.

Dazwischen wird ein Kind rezensiert, als sei es ein Buch. Das Buch ist mittelmäßig, der Rezensent ist große Klasse. Die Kritik erweist sich dem Buch als überlegen. Sie ist großmütig genug, um es nicht zu zerreißen. Sie erlaubt sich ein Kunststück: die Rezension macht den Inhalt des Werks lebendiger, als der Verfasser selbst es vermochte. Man nennt das wohl: schöpferische Kritik.

Das Kind ist schlecht entworfen: sein Vater ist ein paar Wochen nach seiner Geburt gestorben, die Mutter kehrt in ihr Elternhaus zurück, wo ein machtvoller, doch lenkbarer Großvater (Titel eines Bildes von Paul Klee!) seine Erziehung übernimmt. Er macht aus dem Kind, was er selber ist: einen › tugendhaften Schauspieler ‹. »War es ein Glück oder ein Unglück«, fragt sich das Kind, das besprochen wird, nachträglich, und gibt sich mit der Stimme des Rezensenten die Antwort: »Ich weiß es nicht; aber ich stimme gern der Deutung eines bedeutenden Psychoanalytikers zu: ich habe kein Über-Ich.«

Das Kind hat noch andere Fehler, für die es nicht verantwortlich gemacht werden kann: es entstammt dem französischen Bürgertum, man erzählt ihm die Geschichte der Bourgeoisie, » es hatte Könige gegeben und Kaiser, die waren sehr schlecht; man hatte sie davongejagt, jetzt lief alles vorzüglich.«

Doch für *eine* Unart muß es sich ganz allein rechtfertigen. Ihr Geständnis wird mit dem Satz eingeleitet: » Ich habe mein

Leben begonnen, wie ich es zweifellos beenden werde: inmitten von Büchern.« Und abgeschlossen, viele Seiten später, mit dem rasend herausgeschleuderten Chateaubriand-Zitat: »Ich weiß sehr gut – daß ich nur eine Maschine zum Büchermachen bin.« Wer hat dieses Zitat ausgewählt? Das Kind oder sein Rezensent?

Es ist nicht müßig, sich die Frage zu stellen, ob das Kind Sartre, das der Kritiker Sartre bespricht, wirklich der kleine Jean-Paul ist, der seine ersten Lebensjahre in der Rue Le Goff No. 1 in Paris gelebt hat. Konstruiert der fast Sechzigjährige sich einen Popanz, um seine Existenz zu erklären, oder trifft er die Wahrheit seiner Kindheit? Viele beginnen ihr Leben inmitten von Büchern, wenige beenden es als »Maschine zum Büchermachen«. Kann Sartre beweisen, warum gerade ihm dies widerfuhr?

Er schildert, wie er in die ›Falle der Wörter‹ geriet. Die klassische Bibliothek des Großvaters, die Kolportageromane, die ihm die Frauen geben – die Wände aus Büchern schließen sich um das Kind. Von der Lektüre schreitet es zum Schreiben fort, der Knabe füllt viele Hefte mit Romanen, die fünfzig Jahre später besprochen werden – von demselben Schriftsteller, der auf ähnliche Weise bereits die Existenz Baudelaires und Flauberts analysiert hat. An Scharfsinn fehlt es den Erklärungen nicht, und die Sprache ist reißend, kühn, dabei wie geätzt von Melancholie. Das Kind wird fast ein Buch (und das ist ein letzter Grund dafür, warum man es rezensieren kann), Herkunft, Milieu, Zustände und Personen liefern jeden gewünschten Beweis, warum es zu diesem Produkt aus den Wörtern kommen mußte, als das Jean-Paul Sartre sich sieht. Warum aber haben seine Schilderungen Beweiskraft nur dort, wo alle Gründe verschwunden sind, wo man einem Kind zusieht, das man in einem bürgerlichen Salon allein gelassen hat oder das mit seiner Mutter die frühen Pariser Kinos besucht? Was für zauberhafte Prosa-Gravüren ritzt der Schriftsteller Sartre ins Metall seiner Sprache, wenn er einmal nicht an Beweise denkt!

Aber genau diese Art von Bewunderung ist es, die ihn veranlassen würde, solche Stellen aus dem Buch zu tilgen. Denn nichts, nichts, nichts könnte dem Kritiker Sartre das Zugeständnis entreißen, das Kind, das er schildert, habe sich den Wörtern zugewandt, weil es sie *liebte*.

Man würde es sich zu einfach machen, ließe man es dabei bewenden, daß man Sartre gegen ihn selbst in Schutz nimmt. Der Schriftsteller Sartre erklärt uns, daß er die Wörter haßt. Nun gut. Man hat sich damit abzufinden, zumal die Gründe, die er aufzählt, unwiderlegbar sind. Nur gelegentlich kann man ihm einen Irrtum nachweisen, zum Beispiel, wenn er sein größtes Prosawerk, den *Ekel*, in *Die Wörter* nachträglich abwertet. Roquentin in *Der Ekel* ist jedoch größer als das Kind Sartre in *Die Wörter*, weil er nicht besprochen wird, sondern weil er *ist*. *Die Wörter* sind eine Rezension. Ich sage ausdrücklich nicht: *nur* eine Rezension. Denn eine machtvollere und umfassendere ward nie geschrieben. Die Rezension als tragischer Prozeß, als letzte Konsequenz aus dem Ekel vor den Wörtern, die Selbstkritik, die nicht einmal vor der Kritik an der kindlichen Seele haltmacht – das hat es eigentlich noch nicht gegeben, nicht einmal bei Rousseau. Eine Kindheit konnte düster geschildert werden – kritisch bisher nie. In diesem Akt – einem Tabu-Bruch fast ohne Vergleich – scheint sich ein neuer Schritt des Bewußtseins zu vollziehen. Wie alle Schritte, kann er uns zum Guten oder zum Bösen führen. Aber Sartre selbst wird uns nicht sagen können, wohin er führt – er, der uns in *Die Wörter* nicht einmal mehr sagen will, ob er zu seinem Schicksal als Schriftsteller prädestiniert war oder ob er es gewählt hat.

2

Kurz nach dem Krieg hat es in Wien einen Arzt gegeben – ich kann mich seines Namens nicht erinnern –, der sofort, nachdem er die Philosophie Sartres kennengelernt hatte, eine Synthese aus Psychoanalyse und Existentialismus versuchte. Es scheint, als ob Sartre selbst diesen Versuch wiederholen wollte. Die Möglichkeit dazu ist in seinem Denken schon von Anfang an enthalten. In einer sehr frühen Schrift *Über die Einbildungskraft* (1936) definiert er sich Husserl gegenüber als »Psychologen*«. Und seine jüngste philosophische Arbeit, ein Diskussionsbeitrag zu dem Thema Marxismus und Existentialismus, besteht eigentlich in nichts weiter als darin, dem Marxismus die Hereinnahme der Psychoanalyse in sein System zu empfehlen**. Die in dieser Schrift enthaltenen Flaubert-Analysen entsprechen in der Methodik genau der Selbstanalyse Sartres in *Die Wörter*. Aber Sartre ist kein Freudianer (so wenig wie er Marxist ist, obwohl er gerne einer sein möchte), worauf schon das völlige Fehlen der sexuellen Aspekte in der Schilderung seiner Kindheit hinweist. Ein Psychoanalytiker würde ja nicht das Aufgehen der Persönlichkeit Sartres in einer Welt aus Wörtern zum Ausgangspunkt seiner Untersuchungen machen, sondern versuchen, die Entstehung von Sartres Selbsthaß aufzuklären. (Joseph Breitbach hat unlängst in der Zeitschrift *Merkur* auf den Ekel als konstituierendes Element von Sartres Sein hingewiesen. In der Tat braucht man nur die Schilderung der Jahresabschlußfeier im Sprachinstitut des Großvaters in *Die Wörter* zu lesen, um einzusehen, warum Sartre den Nobelpreis ablehnen *mußte*.) Sartre versucht, die Psychoanalyse mit einer Methode zu »überrunden«, die er selbst nicht als Existenzanalyse bezeichnet, die jedoch auf etwas hinausläuft, was man mit diesem Wort bezeichnen könnte. Es handelt sich dabei um eine Anreicherung der Interpretation des eigenen Seins mit psychologischen, soziologischen und historischen Motiven. Leider scheint das ›objektive‹ Material die darunter liegende ›existentielle‹ Schicht manchmal zu begraben. Nicht ohne Mißvergnügen hat man in den letzten Jahren beobachtet, wie Sartre versucht, mit den objektivierenden Wissenschaften, besonders mit dem Marxismus und der Psychoanalyse, zu einer Vereinbarung zu kommen. Ob er selber noch immer glaubt, der Existentialismus sei nichts weiter als ein Humanismus? Ich möchte hier noch einmal von Roquentin sprechen. Sartre scheint wahrhaftig nicht mehr zu wissen, was er mit dieser Figur gegründet hat (oder mit dem

* Enthalten in *Die Transzendenz des Ego*, Drei Essays, Reinbek 1964.
** *Marxismus und Existentialismus, Versuch einer Methodik*, Reinbek 1964

Orest aus den *Fliegen* oder mit dem ganzen Personal aus *Hinter geschlossenen Türen*). Die Welt dieser Figuren korrespondiert unmittelbar mit den Welten Giacomettis und Becketts, und das heißt: mit der einzigen Formensprache, die als Antwort der Kunst auf Auschwitz und Hiroshima möglich war. Wenn uns das Kind Sartre in *Die Wörter* stärker beschäftigt als alles, was Sartre seither geschrieben hat (und das will etwas heißen, denn Sartre hat uns in den letzten Jahren ja keineswegs nicht beschäftigt!), so weil uns die besten Passagen dieses Buches an die bittere Zartheit der Radierungen Wols' erinnern. Wir lieben dieses feine und logische Kind, weil es am Ende ein einsames und verwirrtes Kind ist.

3

Im letzten Viertel des Buches schlägt die Kritik an dem Kinde in die Kritik an der Vergangenheit und Gegenwart des Schriftstellers Sartre um. Infolgedessen handeln fast alle Rezensionen, die ich gelesen habe, von dieser Selbstkritik, die sich bis zur furchtbarsten Bankerott-Erklärung steigert: »Ich habe mich geändert. Später werde ich erzählen, durch welche Säuren die deformierenden Klarheiten zerfressen wurden, die mich umgeben hatten, wann und auf welche Weise ich die Gewaltsamkeit erlernte und meine Häßlichkeit entdeckte – sie war lange Zeit mein negatives Prinzip, die Kalkgrube, worin sich das Wunderkind auflöste –, wodurch ich dazu gebracht wurde, systematisch gegen mich selbst zu denken: so stark, daß mir ein Gedanke um so einleuchtender erschien, je mehr er mir mißfiel. Die Illusion der Rückschau ist zerbröckelt; Märtyrertum, Heil, Unsterblichkeit, alles fällt in sich zusammen, das Gebäude sinkt in Trümmer, ich habe den Heiligen Geist im Keller geschnappt und ausgetrieben; der Atheismus ist ein grausames und langwieriges Unternehmen; ich glaube ihn bis zum Ende betrieben zu haben. Ich sehe klar, bin ernüchtert, kenne meine wirklichen Aufgaben, verdiene sicherlich einen Preis für Bürgertugend; seit ungefähr zehn Jahren bin ich ein Mann, der geheilt aus einem langen, bitteren und süßen Wahn erwacht und der sich nicht darüber beruhigen kann und der auch nicht ohne Heiterkeit an seine einstigen Irrtümer zu denken vermag und der nichts mehr mit seinem Leben anzufangen weiß.« Dem geht der Widerruf der Gestalt Roquentins unmittelbar voraus. Aber unmittelbar nachdem er diesen Text geschrieben hat, lehnt Sartre den Nobelpreis ab (weil er nicht zur Institution werden möchte), tadelt er den nouveau roman (wegen dessen Unverbindlichkeit), reist er wieder nach Rußland (um sich dort für den Frieden einerseits, die Freiheit der russischen Intellektuellen andererseits zu engagieren). So sieht der Mann aus, der »nichts mehr mit seinem Leben anzufangen weiß«. Von dieser Erklärung glaube ich nichts als den Hinweis darauf, er habe die Angewohnheit, systematisch gegen sich selbst zu denken. »Meine jetzige Berühmtheit geht mir auf die Nerven«, schreibt er. Schon möglich, aber dann hätte er eben nicht Roquentin beschreiben, nicht den Nobelpreis ablehnen dürfen. Es steht ihm natürlich frei, alles zu widerrufen, was er jemals geschrieben und getan hat. Ich glaube nicht, daß er dies vorhat – ich vermute vielmehr, daß er in der Fortsetzung seiner Geschichte, die er uns verspricht, das genaue Gegenteil einer Konversion erzählen wird. Aber selbst wenn er klein beigeben würde und selbst wenn er uns davon überzeugen würde, daß es notwendig ist, klein beizugeben – denn so groß ist der Schriftsteller Sartre nun einmal, daß er das fertigbrächte –, so wäre da noch immer jener andere Sartre, der, dem noch nicht der Verdacht gekommen war, die Literatur könne nur aus Wörtern bestehen.

Düsterhenns Dunkelstunde
oder
Ein längeres Gedankenspiel

I. In die Gegend, wo die Worte hausn

1

Nein, nicht *Zettels Traum!*

2

Es gibt › Rezensionen ‹ von *Zettels Traum*, aus denen einwandfrei hervorgeht, daß der › Rezensent ‹ die *Berechnungen I und II* nicht etwa bloß nicht verstanden, sondern sie überhaupt nicht gelesen, wahrscheinlich nie von ihnen gehört hat. Das schiere Durchblättern des – *Zettels Traum* nicht gerechnet – bisher 15 Bände umfassenden Werks möchte ja auch als Zumutung erscheinen. Man versteht, daß jemand, der 16 Semester Germanistik in der Ordinarien-Universität hinter sich hat, endlich einmal › frei ‹ zu sein wünscht. Inskünftigen Investigatoren sei also die Arbeit erleichtert: die *Berechnungen I und II* finden sich im Anhang des 1959 erschienenen Buches *Rosen & Porree*.

3

Aus den 22 Erzählungen, die bis zum Erscheinen von *Zettels Traum* vorlagen, wurde für diese Betrachtung *Caliban über Setebos* ausgewählt. Die Essay-Bände, besonders das Buch *Trommler beim Zaren*, enthalten weitere Stücke vorwiegend erzählerischen Charakters, ja die Essays selbst sind streckenweise veritable Erzählungen, denen bei den Novellen und Kurzromanen ein essayistisches Element entspricht. Doch kann von › Mischformen ‹ nicht die Rede sein. Inwieweit bei *Zettels Traum* ein Amalgam vorliegt, wage ich noch nicht zu beurteilen.

Caliban über Setebos schließt (mit *Piporakemes!*, einem Pasquill zum Problem des Übersetzens) den 1964 erschienenen Erzählungsband *Kühe in Halbtrauer* ab. Es handelt sich also um den letzten (wahrscheinlich 1963 entstandenen) erzählerischen Text vor dem Beginn der Arbeit an *Zettels Traum*. Zusammen mit *Kaff auch Mare Crisium* erscheint er tatsächlich als eine Vorform oder Fingerübung für das Riesen-opus. Arno Schmidt selbst hat ihn als ›rasend kompliziert‹ bezeichnet. (Solche Äußerungen beziehen sich bei ihm stets auf die *Berechnungen*.) *Caliban über Setebos* ist aber relativ leicht lesbar, jedenfalls leichter als *Kaff*.

Ich gebe aber zu, daß ich *Caliban über Setebos* auch behandle, weil es eine meiner Lieblingsgeschichten im Œuvre von Arno Schmidt ist. Andere sind *Windmühlen, Seelandschaft mit Pocahontas, Aus dem Leben eines Fauns, Kosmas oder vom Berge des Nordens, Schwarze Spiegel* und *Gadir*.

Wie bei *Zettels Traum* spielt auch bei *Caliban über Setebos* der Titel auf ein Shakespeare-Motiv an. Im *Sturm* ist Caliban ein ›wilder und mißgestalter Sklav'‹ (nach der Schlegelschen Übersetzung), und zwar des Prospero,

> »Ich muß gehorchen; seine Kunst bezwänge
> Wohl meiner Mutter Gott, den Setebos,
> Und macht ihn zum Vasallen.«

Calibans Mutter ist die algerische Hexe Sycorax; den Namen Setebos entnahm Shakespeare den Berichten Pigafettas über die patagonische Mythologie. Gern sähe ich Shakespeares letztes Stück (1610) einmal in einer Inszenierung von Peter Stein, für deren Dramaturgie Arno Schmidts *Caliban über Setebos* eine gewisse Vorarbeit darstellen könnte: Caliban, das ›arme Ungeheuer‹ in ganz anderer Beleuchtung als bisher, Prospero einmal grundsätzlich in Frage gestellt, Ariel als tragisches Objekt von Ausbeutung, Alonso und Antonio schonungslos entlarvt, die große anarcho-kommunistische Utopie des Gonzalo im 2. Aufzug als geheime Mitte oder offene Perspektive dieses größten Traum- und Zauberstücks..., doch ich schweife ab. Arno Schmidt hat der ›Komödie‹ ausschließlich das Caliban-Motiv entnommen; sein Georg Düsterhenn ist eine Variante des Caliban-Typs; die Meditationen, die Verwünschungen dieses Ich-Erzählers und Nicht-Helden gelten letzten Endes dem Gott seiner Mutter: »Natürlich gab's auch ab & an ne gelungene Stelle im Universum; aber die Mehrzahl der Produkte jenes sete Boss war Fusch-Werk, schnell & schludrich, wie vo'm alten-frechen Handwerksburschen: wenn's n Buch wär', würde der Autor schon das Seinige zu hören bekomm'm. Aber so kuschtn se Alle.« Kein Prospero, nicht einmal ein Gonzalo bei Arno Schmidt; Idealkonstruktionen solcher Art werden im Atelier dieses absoluten Realisten nicht verfertigt; zwar gibt es das ›Ideal‹, doch nur im längeren Gedankenspiel alles andere als idealer Figuren. In diesem Falle also Calibans.

7

Doch muß festgehalten werden, daß Caliban bei Shakespeare der von höherem Zauber Bezwungene, von Prospero in Sklaverei gehaltene Sohn einer bösen algerischen Hexe ist, die ihrerseits einem wilden, ›patagonischen‹ Gott gedient hat. Setebos ist im *Sturm* bereits durch Prosperos lichte Zauberei verjagt. Diese lichte Zauberei, das Entzücken des Bildungsbürgertums seit nahezu fünf Jahrhunderten, von Shakespeare selbst im Epilog abgründig relativiert, wird also von Arno Schmidt ignoriert, zur bloßen Wunschvorstellung degradiert. Da die ganze hochpoetische Magie den Caliban nur in die äußerste Knechtschaft geführt hat, memoriert er bei Arno Schmidt über deren Ursachen, i. e. über das Versagen des Setebos, ›seines‹ Gottes. Motiv-Reduktion also. Andererseits das Aufspüren eines starken kritischen Salzkorns in esoterischstem Gelände; die Szenerie verwandelt sich; plötzlich ist Aufruhr da.

Sturm-Kenner werden einwenden, daß Caliban im Anfang von Prospero ja freundlich behandelt wurde. Nur sein schlechter Charakter, seine angeborene Unter-Menschlichkeit habe ihn zum ›Vieh‹ des Prospero gemacht. Daß man zur Existenz des Ausgebeuteten durch Erbanlagen disponiert sei, gehört von alters her zu den aprioristischen Annahmen von Setebos' Universum. (Der ›Pöbel‹ als ›Rasse‹.) Shakespeare begegnet solchen Interpretationen, indem er den Caliban zur schärfsten Karikatur überzeichnet. (Wie übrigens auch Arno Schmidt den Georg Düsterhenn, stellenweise. Was nicht im Widerspruch zum Prinzip des Realismus steht.) Er steigert Calibans Hang zur Unterwerfung in solche Zerr-Bilder, daß auch der stumpfeste Leser oder Zuschauer fühlt: so kann es nicht sein. So darf es nicht sein. Widerwillen schlägt um in Mitgefühl und schließlich in Empörung. Dies hätte Theater zu zeigen.

Das ›Dechiffrier-Syndikat‹ einer Gesellschaft von Schmidt-Forschern hat als den ›mythologischen Parameter‹ der Erzählung *Caliban über Setebos* die in ihr enthaltenen Anspielungen auf die Orpheus-Sage bezeichnet. Dies mag wohl zutreffen, doch scheint es mir wichtiger, den thematischen Hinweis aufzuklären, den Arno Schmidt mit dem durch ihn gewählten Titel gegeben hat. (Sollte es überhaupt zu einer Schmidt-Exegese in der Form von Metaphern-Forschung kommen, so passe ich.) Shakespeares *Sturm* scheint mir von der griechischen Mythologie sehr weit entfernt zu sein; immerhin ist Prosperos Insel kein ortloser Raum, sondern wahrscheinlich in der Ägäis gelegen, auch gibt es auf ihr Ceres, Juno und die Nymphen. Um eine konsequente Nacherzählung der Orpheus-Mythe kann es sich bei *Caliban über Setebos* nicht handeln, dazu fehlen denn doch einige ihrer wichtigsten Motivzüge und Gestalten; beispielsweise kann ich weder Persephone noch Hermes entdecken, und wo, bitte, ist der berühmte Schlangenbiß? Eurydike (›Rieke‹) wird von keinem Seelenführer geleitet. Die Schar wilder Thrakerinnen, die Orpheus zerreißen (bei Arno Schmidt entkommt er ihnen im letzten Moment), ist jedoch vorzüglich ausgeführt. Und das hannoversche Dorf Schadewalde und sein Wirtshaus ist nun wirklich ein Totenreich von düsterster Perfektion. Darin dann also doch Persephone: Frau Wirtin. Aber eigentlich ist sie nicht als solche angelegt, eher schon Herr Wirt als Hades-Pluton. Sogar den Cerberos gibt es – hätte Arno Schmidt nichts geschrieben als die Schilderung dieses Wirtshaushundes, er wäre schon unser aller Sprachmeister. (»Hatte wohl auch nur ein Fell umgetan, um nicht Mensch werden zu müssen.«) Und es gibt also Orpheus, den ich aber vordringlich als Caliban sehe. »Orpheus, des Apollon und einer Muse wunderbarer Sohn, war ein großer Sänger und Dichter aus dem Lande Thrakien« (Eckart Peterich).

10

Ihn spielt hier, im Lande Niedersachsen, ein Herr Georg Düsterhenn, ein lyrischer Dichter, welcher zynisch an Versen ›arbeitet‹ wie den folgenden:

> »Es war im Wald. Die Bäume alle schliefen.
> Der Mond belauschte lächelnd ihren Traum.
> Derumm-derumm-dumm Schatten dumm-dumm Tiefen.
> Die Welle küßte still des Weihers Saum.«

(Da ich in jeglichster Beziehung auf dem Trockenen saß:
›Der Arsch friert an den Stein, Du merkst es kaum.‹)
Solcher Verse und solchen Zynismus' wegen wird er als erfolgreich geschildert; er verfügt über ein Portemonnaie voller schweizerischer ›Gold-Vreneli‹, mit deren Hilfe er sich beispielsweise eine alte englische One-Gallon-Flasche kaufen kann. (Die Flaschenkauf-Episode könnte mich übrigens doch in die Metaphern-Forschung treiben!) Natürlich handelt es sich bei Düsterhenn, insoweit er als Uhland-Epigone auftritt, um einen reinen Schmidtschen Jux*; Schmidt glaubt selbstverständlich nicht daran, daß mit solcher ›Lyrik‹ Geld zu ver-

---

* Jörg Drews verdanke ich die Mitteilung, daß es sich bei Düsterhenns ›Gedichten‹ um Zitate aus der Lyrik von Karl May handelt.

dienen sei, doch dient ihm die Figur als Karikatur des konventionellen Dichters schlechthin. Daß sie ihm selbst schließlich dem Wesen dessen, was er in ihr treffen wollte, als nicht ganz angemessen erschien, zeigt sich daran, daß er Düsterhenn als Verseschmied im Verlauf der Erzählung fallenläßt; von der Mitte des 6. Kapitels an gibt er es auf, ihn als Silben- und Reimstecher auftreten zu lassen. Einmal legt er ihm den Satz in den Mund: »Wenn Prosaschreibm bloß nich so gefährlich wäre; machma hatt' ich direkt Lust dazu!« An solcher Lust fehlt es Düsterhenns Schöpfer (dessen Abneigung gegen Lyrik ja bekannt ist) nicht, und so spricht, denkt, schreibt Düsterhenn also eine Prosa, die sich zu seinen Versen so verhält wie der Gaurisankar zum Peißenberg. Wenn der mir rätselhafte Begriff *Rollenprosa* irgendeinen Sinn gewinnen könnte, so vielleicht hier. Düsterhenn, der die Rollen Calibans und Orpheus' zu spielen hat, spielt außerdem und in erster Linie Arno Schmidt.

11

Im Motiv der Sehnsucht des verlogenen Lyrikers Düsterhenn nach ›gefährlicher‹, i. e. wahrer Prosa spiegelt sich einmal mehr das zentrale Motiv aller Werke Arno Schmidts: der Wunschtraum.

12

Die ganze Vers-Prosa-Antithetik ist in *Caliban über Setebos* bloß gespielt. Nicht gespielt ist, was Adorno einmal in den Satz gebracht hat: »Die asketische Abdichtung der Prosa gegen den Vers gilt der Beschwörung des Gesangs.«

13

Nein, ich will die pathetische Stelle aus den *Minima Moralia* doch ganz zitieren, weil sie, Satz für Satz, die Schreibweise Arno Schmidts definiert (den Adorno nie zur Kenntnis nahm): »Ist nicht alle gearbeitete Prosa eigentlich ein System freier Rhythmen, der Versuch, den magischen Bann des Absoluten und die Negation seines Scheins zur Deckung zu bringen, eine

Anstrengung des Geistes, die metaphysische Gewalt des Ausdrucks vermöge ihrer eigenen Säkularisierung zu erretten? Wäre dem so, dann fiele ein Strahl von Licht auf die Sisyphuslast, die jeder Prosaschriftsteller auf sich genommen hat, seitdem Entmythologisierung in die Zerstörung von Sprache selber übergegangen ist. Sprachliche Don Quixoterie ward zum Gebot, weil jedes Satzgefüge beiträgt zur Entscheidung darüber, ob die Sprache als solche, zweideutig von Urzeiten her, dem Betrieb verfällt und der geweihten Lüge, die zu diesem gehört, oder ob sie zum heiligen Text sich bereitet, indem sie sich spröde macht gegen das sakrale Element, aus dem sie lebt. Die asketische Abdichtung der Prosa gegen den Vers gilt der Beschwörung des Gesangs.«

14

Inhalt (›Handlung‹): Düsterhenn begibt sich, auf der Suche nach einer – nie besessenen – Jugendgeliebten, in das Dorf Schadewalde. Bereits auf dem Weg dorthin fühlt er sich von den vier ›Jägerinnen‹ verfolgt, hübschen jungen Mädchen, die sich, gleich ihm, im Wirtshaus des Tulp einquartieren. Er unternimmt einen ersten Orientierungsgang durch das Dorf, an dessen Ende er im Ökonomie-Hof des Wirtshauses eine Sexualszene zwischen einem Traktoristen und einer Hausmagd beobachtet, die sich später als die gesuchte Jugendfreundin erweist. Wirtshaus-Szenen (Fernseh- und Flaschenkauf-Episode). Nächtlicher Spaziergang und Zusammentreffen mit einem (jüdischen) Verkäufer von Präservativ-Automaten. Entdeckung der Rieke, als Tulp ihr den Auftrag gibt, Düsterhenn auf sein Zimmer zu bringen. Erschüttert verläßt Düsterhenn das Wirtshaus, wird zum Voyeur einer lesbischen Szene zwischen den ›Jägerinnen‹, die ihn schließlich entdecken und, als er flieht, verfolgen. Er kann sich in das Auto des *wandering jew* retten.

15

Dieser Stoff wird in neun Kapitel gegliedert, die den neun Musen gewidmet sind, und zwar in der klassischen Reihenfolge, die mit Klio (Geschichte) beginnt und mit Thalia (Komödie) endet. Im, unverschämt Englisch in deutsche Schreibweise paraphrasierenden, Motto wird erklärt, daß Georg Düsterhenn die Musen *entertäind* habe, worauf sich *ietsch Wonn of semm* für seine Gastfreundschaft bedankt habe: *wis Sam Bladdi mäd-Teariels* *. Zu den Vergnügungen, welche die Lektüre von *Caliban über Setebos* bereitet, gehört es, festzustellen, in welcher Weise jedes Kapitel tatsächlich der Muse entspricht, die es schützt. Die neun Töchter des Zeus beschirmen ja Kunst und Wissenschaft. Zeus hat sie bekanntlich mit Mnemosyne gezeugt. Erinnerung, der Ur-Geist der Erzählung, entbindet auch jegliche Prosa des Arno Schmidt.

16

Nicht nur die Orpheus-Mythe, nicht nur die Interpolationen aus Rilkes *Sonetten an Orpheus*, sondern auch weitere Motive der klassischen Mythologie werden also dem (romantischen?) Caliban-Thema unterlegt. Daß der Geist Shakespeares am Ende als stärker sich erweist denn die hellenische Struktur, ist offenbar: was da auf 90 Druckseiten an uns vorübergeistert, ist ein wild-zartes Rüpelspiel von unvergleichlicher Kraft, in seinem Spaß und Zorn kongenial dem Treiben auf den Brettern von Bankside und Clink.

17

Es gibt Leute, welche die Stirn haben, in Anwesenheit von Arno Schmidt das Fehlen des *poeta doctus* in der heutigen deutschen Literatur zu bedauern. Wenn Caliban zum Mord an Prospero drängt, so tut er es mit den Worten:

> »du kannst ihn würgen,
> Hast du erst seine Bücher: mit 'nem Klotz
> Den Schädel ihm zerschlagen, oder ihn
> Mit einem Pfahl ausweiden, oder auch

---

* Frage ans ›Dechiffrier-Syndikat‹: Würden Sie die Verballhornung von ›materials‹ in ›mäd-Teariels‹ mit ›verrücktem Zerreißen‹ oder mit ›Mädchen-Tränen‹ assoziieren?

Mit deinem Messer ihm die Kehl' abschneiden.
Denk dran, dich erst der Bücher zu bemeistern,
Denn ohne sie ist er nur so ein Dummkopf,
Wie ich bin, und es steht kein einz'ger Geist
Ihm zu Gebot. Sie hassen alle ihn
So eingefleischt wie ich. Verbrenn ihm nur
Die Bücher!«

Welche innerste Spannung zum Wesen des *poeta doctus* gibt
Arno Schmidt das Paradox ein, sich ausgerechnet den Caliban
zur Gestalt des Geistes-Aufruhrs zu wählen? Wir können nur
raten.

II. Wir machn Füsiek!

1

In den *Berechnungen I* schreitet die Darlegung neuer Prosa-
formen vom Prozeß des Sich-Erinnerns bis zu dessen Rekon-
struktion in Bewußtseinsvorgängen fort. Es »erscheinen zunächst, zeitrafferisch, einzelne sehr helle Bilder (meine Kurz-
bezeichnung: ›Fotos‹), um die herum sich dann im weiteren
Verlauf der ›Erinnerung‹ ergänzend erläuternde Kleinbruch-
stücke (›Texte‹) stellen: ein solches Gemisch von ›Foto-Text-
Einheiten‹ ist schließlich das Endergebnis jedes bewußten Er-
innerungsversuches.«

2

Solcher Methodik wird sogleich eine weitere Konsequenz hin-
zugefügt: »Für Anzahl und Länge der Fotos und Texte sowie
deren rhythmischen und sprachlichen Feinbau sind das Entscheidende:

*Bewegungskurve und Tempo
der Handelnden im Raum!*

Es ist ja ein fundamentaler Unterschied, ob ich etwa einen Ort

> *rasch*
> *durchfahren*
> *muß*

oder ihn

> *langsam*
> *umkreisen*
> *kann.*«

3

Und daraus der, die Schmidt'sche Form konstituierende, Satz abgeleitet: »Jeder Art der Bewegung im Raum entspricht sofort ein sehr scharf umrissener Themenkreis.«

4

Zwei Beispiele aus der Tabelle der *Berechnungen I*. Dem Themenkreis *Kleine Welt* (»in sich geschlossene Paradiese oder Höllen: Sommeraufenthalte; Kindheiten; ›Im Werk‹; etc.«) entspricht als Bewegungskurve der Handelnden die in langsamem Tempo sich bewegende Hypozykloide, zu deren literarischer Wiedergabe 15–20 längere Einheiten in ausladenden, statischen, »niederländischen« Sätzen benötigt werden. Zum Thema *Katastrophe* (»geplanter Mord; der erste Beischlaf; Fronteinsatz mit letalem Ausgang«), dessen mathematisches Symbol die Spirale einwärts in sich beschleunigendem Tempo darstellt, gibt Arno Schmidt sich die Vorschrift: »Einheiten kürzer werdend. Nervöse Breite bis Kugelblitz. Sätze und Worte von fahrig-faseriger Länge im Anfang bis zu stilettartiger Konzentration.«

5

Nicht irgendwie ›geistig‹, sondern konkret sprachlich wird hier also dekretiert, der Sprachrhythmus habe dem Inhalt analog zu sein. Der Leser kann die Konsequenzen dieser (in der Musik unangefochten herrschenden) Methode auf Schritt und

Tritt nicht nur im großen Gerüst der Erzählungen, sondern auch im »sprachlichen und rhythmischen Feinbau ihrer Elemente« feststellen. Man vergleiche etwa die Thrakerinnen-Orgie im Terpsichoren-Kapitel von *Caliban über Setebos* (Epizykloide, Themenkreis *Verbotener Bezirk*), die in lauter »kleinen spitzen Einheiten« und »gestauchten Sätzen« abläuft, mit dem Spaziergang im Kalliope-Kapitel (»Punkt, rotierend; Tempo: gleichförmig, Themenkreis *Lynkeus* i. e. Individuum und distanzierte Kreiswelt«), der in große Einheiten gefaßt wird, »tortenhaft, sektorengleich; panoramisch; Stimmung beschaulich erregt; aber kein Eingreifen möglich«.

6

Spätestens hier wird es Einsprüche regnen, Verweise auf Autoren, die jedes Thema und Bewegungsproblem im gleichmäßig epischen Fluß ihrer Sprache gelöst haben, und zwar erfolgreich. Goethe, Keller, Fontane, Thomas Mann hätten aber ... ja, sie haben, und Schmidt ist der letzte, den Wert der ›klassischen‹ Bauweisen zu bestreiten (obwohl er immerhin von Goethe sagt, er habe »mit seinem üblichen formlosen Prosabrei alle Suturen verschmiert*«). Er insistiert jedoch darauf, daß es sich bei ihnen um Nachbildungen soziologischer Gepflogenheiten gehandelt habe, und daß unsere Gegenwartsempfindung die Reproduktion des epischen Flusses, eines Kontinuums, nicht zulasse, sondern literarische Verfahren fordere, welche die »poröse Struktur«, das »löcherige Dasein« eines »beschädigten Tagesmosaiks« wiederzugeben imstande seien.

7

Während in den *Berechnungen I* die Kennzeichen der ›einfachen Handlung‹ festgestellt werden, beschäftigen sich die *Berechnungen II* mit dem Problem der ›doppelten Handlung‹, als welche die beiden Erlebnis-Ebenen des Menschen in Funktion treten: objektive Realität und Traum oder Gedankenspiel.

---

* Über das Verhältnis Arno Schmidts zu Goethe siehe *Goethe/und Einer seiner Bewunderer* in dem Buch *DYA NA SORE*, Karlsruhe 1958.

»Ohne der Wahrheit Gewalt anzutun läßt sich behaupten, daß bei jedem Menschen die objektive Realität ständig von Gedankenspielen, meist kürzeren, nicht selten längeren, überlagert wird.« Die Wechselwirkung zwischen Realität (Erlebnisebene I = E I) und Gedankenspiel (Erlebnisebene II = E II) stellt den Schriftsteller vor schwierige Konstruktionsaufgaben, auf deren Darlegung ich verzichte, weil Arno Schmidt selbst sie in den *Berechnungen II* unübertrefflich präzis formuliert hat. Festgehalten sei nur, daß sich auch in der dualistischen Erzählform des längeren Gedankenspiels ergibt, was sich schon bei ›einfachen Handlungen‹ herausgestellt hatte: daß der Themenkreis (in der Tabelle der *Berechnungen II* als System menschlicher Typen behandelt) die Form erzwingt. Das längere Gedankenspiel eines ›Gefesselten‹ (Typ 3) beispielsweise führt automatisch zu einem speziellen qualitativen und quantitativen Verhältnis von E I zu E II. Die von Schmidt geforderte zweispaltige typografische Form für die ›doppelte Handlung‹ hat er selbst bisher nur in *Kaff* verwirklicht, während er in *Caliban über Setebos* noch einmal, wahrscheinlich zum letztenmal, zu einer kohärent einspaltigen Textanordnung zurückgekehrt ist.

8

Unzweifelhaft ist Georg Düsterhenn ein Gefesselter, und daraus ergibt sich die Form von *Caliban über Setebos:* die »Steigerung von E II«, das »quantitative Verhältnis von E I zu E II als 1 : 2«, die pessimistische psychologische Grundhaltung Düsterhenns, seine »scharf-objektive« (manchmal auch »scharf-subjektive«) Einstellung, die »schwarze Färbung« und »kantige Konsistenz« des Textes, das »stumpf-schreckliche, aus erblindeten Fenstern gesehene« Bild von E I, die »Entlassung« als »Ende der Existenz« Düsterhenns in E I, lies Schadewalde, lies Hades.

9

Noch einmal sei daran erinnert, daß es sich bei Arno Schmidts Schreibweise um die am weitesten vorgeschobene Position eines absoluten Realismus handelt. Da dieser Schriftsteller in der Realität keine Harmonie, kein Ideal, nicht die schwächsten Spuren einer Verwirklichung von Utopie finden kann, tritt das ›Höhere‹ bei ihm ausschließlich in der Form des Wunschtraums auf. (Manchmal auch das ›Niedrigere‹ – siehe seine Karl May-Analyse.) Das *wishful thinking* der Gestalten Schmidts unterscheidet sich scharf vom Unterbewußtseins-Strom der Figuren Joyces. Schmidt selbst erklärt, daß beim Gedankenspiel das Individuum souverän, aktiv auswählend schaltet, was man ja von dem Individuum Leopold Bloom nicht behaupten kann. Vom ›Träumer‹ sagt Schmidt, er sei »in Wahrheit weiter nichts als ein süchtig-fauler Gedankenspieler; die ›Traumspiele‹ der Weltliteratur sind Gedankenspiele«. (Womit wir wieder beim *Sturm* und bei Caliban angelangt wären.)

10

Wie allgemein bekannt sein dürfte, ist Arno Schmidt ein dezidierter Vertreter der Zettelkasten-Methode. Diese Arbeitsweise kann man sich gar nicht konkret genug vorstellen. Der Schriftsteller notiert immediat, ›was ihm einfällt‹, und exzerpiert das ›Eingefallene‹ auf Zettel, die er nach irgendeinem persönlichen System in Kästen ordnet. Die Frage ist natürlich, was ihm einfällt. Ideen? Gedanken? Erlebnisse? Erinnerungen? Träume? Metaphern? Linguistische Assoziationen? Handlungen? Zitate? Aus der Anlage, aus der ›Struktur‹ eines Zettelkastens ließe sich sehr leicht die innere ›Struktur‹ des Schriftstellers ableiten, der ihn angelegt hat. Ist er ein stark visueller Typ oder ein Dynamiker der Handlung? Hält er's mit den Symbolen, oder mißtraut er schon der bloßen Metapher? Kreist sein ganzes Denken um die Komposition, oder opfert er sie bedenkenlos wildwuchernder Phantasie? Vorläufig und vorsichtig kann man im Falle Arno Schmidts, dessen einzige, aber sehr starke Idee der prometheische Aufruhr gegen die vorhandene Welt und ihre ›Götter‹ ist, vermuten, daß seine Zettelkästen vor allem Bilder und Sprachspiele enthalten. Ich widerstehe an dieser Stelle dem Zitierzwang.

11

Ich widerstehe an dieser Stelle dem Zitierzwang, weil Arno
Schmidt das Material seiner Zettel auf das sorgfältigste in den
Kon-Text einarbeitet. Den isolierten Zettel gibt es kaum.
(Wäre er, zum Buch erhoben, möglicherweise des Zettels
Traum?) Das Gewebe entsteht am Schreibtisch. Am Schreibtisch entsteht, in unaufhörlichem Hin und Her zwischen Zettelkästen, Kompositionsentwurf und Manuskriptpapier, vom
Adelung und seinen Verwandten umstanden, der »Feinbau
der Elemente«, das rhythmisierte Wunderwerk einer Prosa,
wie sie musikalischer nicht gedacht werden kann. Allerdings
auch nicht spröder. Obwohl ich mir keinen Schmidt-Leser vorstellen kann, bei dem das Arcanum nicht sofort wirkt, ergibt
sich der Text doch nur genauem Einhören.

12

Das Arcanum. Es liegt ja auf der Hand, daß das System aus berechneter Synchronisation von Sprachrhythmus mit Inhalt
plus Zettelkasten nicht wirken würde, stände dahinter nicht
eine sprachschöpferische Phantasie von höchster Qualität. Deren Analyse mag Generationen von Philologen beschäftigen;
für uns Heutige bleibt noch alles offen. Welche Rolle etwa
spielt der Konsekutivsatz bei Arno Schmidt? Wann und wie
verwendet er den verkürzten, den elliptischen Satz? Ist der
Gebrauch, den er von Satzzeichen und Zahlen macht, syntak-
tisch begründet oder bloßer Spleen? In welcher Weise funk-
tionieren bei ihm Epigramm und Zitat? Wie gelingt es ihm,
die linguistische Assoziation fortwährend zu steigern: vom
bloß spaßigen Kalauer zum metaphysischen Blitz, der das Gelände ringsum ausleuchtet? Bildet der von ihm verwendete
Slang ein kohärentes semantisches System? Kann man, wie er
es tut, sowohl Interpunktion wie sprachliche Chiffre als semio-
tische Zeichen im Zusammenhang realistischen Erzählens ver-
wenden? Welchen Grad von Redundanz läßt diese Prosa noch
zu? (Ich vermute: keinen.) Muß zur Analyse die von Arno
Schmidt selbst aufgestellte, an *Finnegans Wake* demonstrierte

und unerwartete Aspekte zur Psychoanalyse öffnende Etym-Theorie* herangezogen werden, derzufolge jeder Mensch über zwei Sprachen verfügt: einer aus Wörtern und einer anderen aus Wort-Keimen? Fragen, welche die pure Sprachpotenz, die uns unablässig »schärfste Wortkonzentrate injiziert«, doch nur umspielen. Fest steht nur, daß solches Ingenium das Deutsche, seinen Gebrauch und seine Literatur, auf einen neuen Sprachstand hebt. Der Genie-Begriff ist heute besonders umstritten; und man hat ja auch so gut wie nichts aufgeklärt, wenn man von jemandem sagt, er sei ein Genie. Sagen wir also ruhig, und des wütendsten Einspruchs gewiß, was der *Brockhaus* von 1821 über Goethe sagte: ein seltener Mann.

III. Gesang? In Niedersaxn?!

1

Zugegeben: nichts Olympisches weit und breit. Hingegen sehr viel Anti-Olympisches. Der einsame, hochgebildete Caliban im Aufruhr gegen Setebos. Orpheus, den eigenen Mythos veräppelnd. Der ja auch schlicht anti-human *ist:* nur klassizistisches Geschwätz kann in der Bedingung, daß Orpheus sich nach Eurydike nicht umdrehen darf, etwas anderes, ›Tieferes‹, entdecken als autoritäre Schikane, sadistischen Unfug des Über-Ich.

2

Wie Erinnerung funktioniert, hat Arno Schmidt in seiner Darstellung des ›Foto-Text‹-Mechanismus beschrieben. Ich halte mich für überzeugt, daß nicht nur diese Verfahrensregel stimmt, sondern jedem erzählerischen Prozeß eine einzige Erinnerung als auslösender Faktor dient. Dieses ›einzige Bild‹, dieser Erzählungs-Keim (denn es gibt auch ihn, nicht nur Wort-Keime) war, darauf möchte ich wetten, bei *Caliban über*

* Siehe *Das Buch Jedermann, James Joyce zum 25. Todestage*, enthalten in *Der Triton mit dem Sonnenschirm*, Karlsruhe 1969.

Setebos die Laternen-Episode, die Beschreibung des Zuges einiger Laternen tragender Kinder durch das abendliche Dorf. Dabei spielt es keine Rolle, ob dieser ›Keim‹ im Gesamtbild der Erzählung eine tragende Funktion gewinnt, Leitmotiv wird, oder nur zum schmückenden Beiwerk gerät, tatsächlich ›Episode‹ bleibt. Die Laternen-Dichtung, von einer hamburgischen Kinder-Erinnerung Arno Schmidts inspiriert, ordnet, so scheint es mir, deshalb den ganzen Text, weil Caliban-Düsterhenn hier, ein einziges Mal in dieser grimmigen, ja düster-tobenden Geschichte, seine kritischen Reserven aufgibt. Kindheit erscheint hier, wie auch im Bild eines einsam spielenden Kindes einige Seiten zuvor, als einziges Residuum von Utopie, von paradiesischer Hoffnung. Kindergesang, »wundervoll zag & zähe«, von dem Caliban sich nicht nur rühren, sondern an den eigenen rechten Weg erinnern läßt, spielt sich in die Erzählung ein wie ein Echo von weither, poetisch und unwillkürlich.

5

Willkürlich hingegen die Thrakerinnen-Orgie, der große *gag* der Erzählung, auf den hin gearbeitet sie erscheint. Was Willkür eines großen Sprachmeisters vermag, kann hier ab-gelesen werden. Der Zettelkasten wird zur Zettel-Trommel, und diese läuft auf hohen Touren. Eine Metaphern-Suite, ein Höllenreigen von Nomenklatur-Varianten zwischen Fachsprachen und Rotwelsch, ein berechneter Einsatz von Aspirata und Kehltönen, Labiallauten und Diphthongen, Bauchrednerkunst und Aphasie in einem. Zwischen den Sprach-Stößen die Reflexionen des Voyeurs. Und man bleibt draußen, wie dieser, beobachtet nur. Glanz und Elend des Obszönen – niemals kann das Gesetz übersprungen werden, das den Leser zum bloßen Voyeur des Geschlechtsaktes macht. Die große Kunst des Arno Schmidt fällt Pornographie aus der Lösung. Aber Freude, ›heidnische Sinnlichkeit‹ oder wie man's nennen mag, enthält sie auch nicht. Was denkt der Voyeur? »Unsre Fähigkeit, Schwarze Messen zu celebrieren, ist, Mutter Natur sey Danck, ja ziemlich begrinzt.« Oder: »Immerhin wurde es fühlbar kühler bei mir. Und auch langweilig.« Vorher allerdings hat er bemerkt: »Wenn man in einem wirklich Freien Staate lebte, wären durchaus ›Gesangbücher für Lesbierinnen ‹ möglich.« *Den* Freien Staat hat Düsterhenn jetzt; an jedem Kiosk kann er solche Gesangbücher erstehen. Das ist sehr schnell gegangen. 1963, als er *Caliban über Setebos* schrieb, sah Arno Schmidt sich noch diversen Anzeigen wegen ›Schmutz und Schund ‹ ausgesetzt, lief eine staatsanwaltschaftliche Untersuchung betreffend Pornographie in *Sitara* gegen ihn. Nun, vielleicht hat es ja durchaus seinen Sinn, daß die Repression sich immer gegen die Kunst richtet, nicht gegen das Schlamm-Geschäft. Die Schilderung der Thrakerinnen-Spiele in *Caliban über Setebos* ist höchste erotische Kunst, und höchste Kunst ist es wohl, daß man ihrer nicht froh wird, weil sie nur die letzte Formel des längeren Gedankenspiels ist, das Caliban beherrscht: des Wunschtraums.

4

Unbeirrt optiert dieser Autor für Rationalismus, Aufklärung, Intellekt, »spielt die Charakterrolle des ›guten linken Mannes ‹«, wie er sich wörtlich ausdrückt, ist aber in Wirklichkeit Dualist*, ein spätgeborener und glaubensloser Katharer. Die Welt ist das Pfuschwerk des Setebos, nicht reformierbar, »und wer noch an Sachen wie ›Entwicklung Zukunft Fortschritt ‹ glaubt, dem gebührt ein Monatseinkommen von 250 Mark, und zwar brutto!« Insofern entzieht er sich auch der gerade aktuellen Revolution. Revolutionen kann man konzessionieren, radikalen Pessimismus nie. Was aber bleibet? »Es gibt nun einmal Lagen – Situationen, mein' ich –, wo es wichtiger ist, daß Homer überlebt als die Freie und Hansestadt Troja.« So könnte es von Benn oder Pound her klingen. Doch was ihn von den dichtenden Reisläufern des l'art pour l'art unterscheidet, ist, daß er immer die Partei Calibans ergreift. »Beim letzten Typ, ludus remedium, tritt die eigene, auf ein Unwürdigstes erniedrigte Existenz in E I zurück vor der in E II apokalyptisch-grandios erlittenen Sorge um das Ganze.«

* Zum dualistischen Aspekt des Denkens von Arno Schmidt, der hier nicht ausgeführt werden kann, siehe die Erzählung *Leviathan*, Hamburg 1949, von A.S. selbst als ›Ur-Explosion ‹ bezeichnet, insbesondere S. 65–67 der Erstausgabe mit der Rede des Ich-Erzählers über den *Dämon* als Weltschöpfer.

»Und die eines Denkenden würdige Einstellung einzig die von *Doktor Rabelais: Voltaire* plus *Sterne* durch 2!« Erhabene Selbsttäuschung, oder wieder nur ein Wunschtraum? So jedenfalls werden, aus der einsamsten Igelstellung, die geselligsten Geister zu Nothelfern angerufen. Im Hintergrund stehen ganz andere Gestalten, bleich und tragisch: Poe und Fouqué, die Brontës und Cooper, Dickens und Joyce. Vor solchen Kulissen der enorme Alleingang eines Außenseiters zum Mittelpunkt der Sprache.

6

Last but not least muß konstatiert werden, was unaufhörlich, ein grau-silbernes Licht, durch den Text diffundiert: Humor. Humor kopfschüttelnden Grimms natürlich, fern von fidelen Schnurren und sardonischem Lächeln. Sondern: Clownerie des Mit-Leidens, wütendes Lachen, Budenzauber von Verdammten. Nach uns die Sintflut. Dieser Mann ist, zu allem hinzu, einer der größten und humansten Humoristen in aller deutschen Literatur.

Und jetzt zu *Zettels Traum!*

Nachwort

Die hier vorgelegte Auswahl aus über zwanzig Jahren beschreibender und kritischer Arbeit umfaßt alle umfangreicheren und mit einem gewissen Aufwand an Gründlichkeit unternommenen Studien. Ausgeschlossen wurde alles, was den Charakter bloßer ›Äußerung‹ trägt; »in einem Buch einbalsamierter Journalismus ist unlesbar« (Virginia Woolf).

Ob Literatur und Landschaft einander benachbart werden können, wie es in diesem Buch geschieht, vermag der Verfasser nicht zu entscheiden. Er versucht es. Er hofft es.

Jeder Schriftsteller, der sich an eine solche Sammlung begibt, wird von dem Wunsch verzehrt werden, nachträglich in den Text einzugreifen, ihn zu redigieren. Wieviel klarer sieht er doch heute das Problem, das ihn vor Jahren bewegte! Wieviel müheloser würde er im Jahre 1971 eine Satzfolge formulieren, deren älterer Fassung man ansieht, wie der Sachverhalt, den sie zu umschreiben versucht, mehr geahnt als begriffen wurde. An manchen Stellen möchte er kühner gewesen sein, an anderen vorsichtiger. Außerdem hat er Irrtümer begangen; einige seiner Ideen und seiner Auffassungen über Stil haben sich verändert. An erlauchten Beispielen, gerade in jüngster Zeit, hat es sich erwiesen, daß das Publikum solche Redaktionen mit Recht übelnimmt. Es wünscht, den Autor mit seinen Fehlern, mit seinen Irrtümern kennenzulernen; von unfehlbaren Autoren hat es genug. Aus diesem Grunde werden die Texte dieses Buches unverändert vorgelegt.

Wer die im Quellen-Nachweis gegebenen Daten zur Kenntnis nimmt, wird feststellen, daß die kritische Arbeit sich in den letzten Jahren immer stärker auf die Darstellung erzählerischer Prozesse in unserer Zeit versammelt hat. Bassani und der englische Roman, die Lehren aus der ›Trivialliteratur‹, Inoue, Higgins, Sundman und Schmidt – alle diese Untersuchungen gelten der einfachen Feststellung, daß der Roman und die Erzählung nicht am Ende, sondern, wie stets, an einem Anfang sind. Gern hätte der Verfasser die Reihe um weitere

Beispiele vermehrt; er bedauert, daß die erzählerischen Prozesse, die ihn selbst beschäftigt halten, ihm dazu nicht die Zeit lassen.

Berzona (Valle Onsernone), im Frühjahr 1972

Alfred Andersch

Quellen-Nachweis
Daten der Erstveröffentlichungen

Christus gibt keinen Urlaub: Frankfurter Hefte, Dezember 1951

Amerikanische Anarchisten: Frankfurter Hefte, Oktober 1951

Von der ›zeitlichen Bedingung‹: Frankfurter Hefte, November 1959

Choreographie des politischen Augenblicks: Texte und Zeichen, Berlin I/2, 1955

Dort ist ein Feuer:

   Verteidigung der Wölfe: Frankfurter Hefte, Februar 1958

   Landessprache: Bücherbrief der Buchhandlung Stäheli, Zürich 1960

   Blindenschrift: Merkur, München, Nr. 202, 1965

Aus den Küchen des Seins:

Alles Gedächtnis der Welt: Merkur, München, Nr. 150, 1960

Ästhetische Denkobjekte: Merkur, München, Nr. 203, 1965

Ein Humanist aus Jämtland: Merkur, München, Nr. 239, 1968

Zerstückelt und intakt: Merkur, München, Nr. 247, 1968

» Hätte ich Tolstoj nicht gelesen…«: Merkur, München, Nr. 249, 1969

Lady Avas elegante Hand: Der Spiegel, Hamburg, 17. 10. 1966

Cicindelen und Wörter: Merkur, München, Nr. 238, 1968

Ein neuer Scheiterhaufen für alte Ketzer: Merkur, München, Nr. 170, 1962

Sartres Kritik an einem Kinde: Merkur, München, Nr. 205, 1965

Düsterhenns Dunkelstunde: Merkur, München, Nr. 286, 1972

Alfred Andersch
im Diogenes Verlag

Ein neuer Scheiterhaufen für alte Ketzer

Kritiken und Rezensionen zu Werken von Heinrich Böll, Thornton Wilder, Ernest Hemingway, Giuseppe Tomasi di Lanpedusa, Wolfgang Koeppen, Hans Magnus Enzensberger, Ernst Wilhelm Eschmann, Alain Resnais und Marguerite Duras, Max Bense, Per Olof Sundman, Aidan Higgins, Yasushi Inoue, Alain Robbe-Grillet, Ernst Jünger, Norman Cohn, Jean-Paul Sartre, Arno Schmidt. detebe 1/12

Öffentlicher Brief an einen sowjetischen Schriftsteller, das Überholte betreffend

Reportagen und Aufsätze: Die Reise nach San Cristóbal. Regen in Andalusien. Reise in die Revolution. Aus Torheit? Ein Gedenkblatt. Jünger-Studien: 1. Amriswiler Rede, 2. Achtzig und Jünger. Aus der grauen Kladde. Zeichensysteme: Ein (ergebnisloser) Exkurs über ihre Verschiedenheit. Wie man widersteht. Porträt eines Mondfetischisten. Der Buddha mit der Schmetterlingskrawatte. Der Geheimschreiber: 1. Wolfgang Koeppen, 2. Ernst Schnabel. Mr. Blumenfelds Inferno. Öffentlicher Brief an einen sowjetischen Schriftsteller, das Überholte betreffend. detebe 1/13

Neue Hörspiele

Die Brandung von Hossegor. Tapetenwechsel. Radfahrer sucht Wohnung. detebe 1/14

Einige Zeichnungen

Grafische Thesen. Mit Zeichnungen von Gisela Andersch und einem Nachwort von Wieland Schmied. detebe 151

empört euch der himmel ist blau

Gedichte und Nachdichtungen 1946–1976

Wanderungen im Norden

Reisebericht. Mit 32 Farbtafeln nach Fotos von Gisela Andersch

Hohe Breitengrade
oder Nachrichten von der Grenze

Reisebericht. Mit 48 Farbtafeln nach Fotos von Gisela Andersch

Über Alfred Andersch

Essays, Aufsätze, Rezensionen, Äußerungen von Jean Améry, Max Bense, Heinrich Böll, Peter Demetz, Hans Magnus Enzensberger, Helmut Heißenbüttel, Wolfgang Koeppen, Karl Krolow, Thomas Mann, Ludwig Marcuse, Karl Markus Michel, Heinz Piontek, Arno Schmidt, Franz Schonauer, Werner Weber u. v. a. Mit Lebensdaten, einer Bibliographie der Werke und einer Auswahlbibliographie der Sekundärliteratur. Herausgegeben von Gerd Haffmans. detebe 53

Das Alfred Andersch Lesebuch

Herausgegeben von Gerd Haffmans. detebe 205